中國文化二十四品

逸堂

中国文化二十四品

饶宗颐 叶嘉莹 顾问

陈洪 徐兴无 主编

變法圖強

近代的挑战与革新

侯杰 赵天鹭 著

江苏人民出版社

图书在版编目（ＣＩＰ）数据

变法图强：近代的挑战与革新 / 侯杰，赵天鹭著.
-- 南京：江苏人民出版社，2017.1
（中国文化二十四品）
ISBN 978-7-214-17540-3

Ⅰ. ①变… Ⅱ. ①侯… ②赵… Ⅲ. ①政治改革－研
究－中国－近代 Ⅳ. ①D693.2

中国版本图书馆CIP数据核字(2016)第073208号

书　　　名	变法图强——近代的挑战与革新
著　　　者	侯　杰　赵天鹭
责 任 编 辑	卞清波
责 任 校 对	张晓薇
装 帧 设 计	刘葶葶　张大鲁
出 版 发 行	凤凰出版传媒股份有限公司 江苏人民出版社
出版社地址	南京市湖南路 1 号 A 楼，邮编：210009
出版社网址	http://www.jspph.com
经　　　销	凤凰出版传媒股份有限公司
照　　　排	南京凯建图文制作有限公司
印　　　刷	江苏凤凰通达印刷有限公司
开　　　本	652 毫米×960 毫米　1/16
印　　　张	15.5　　插页 3
字　　　数	174 千字
版　　　次	2017 年 1 月第 1 版　2017 年 3 月第 2 次印刷
标 准 书 号	ISBN 978 - 7 - 214 - 17540 - 3
定　　　价	36.00 元

（江苏人民出版社图书凡印装错误可向承印厂调换）

编委会名单

顾　问

　　饶宗颐

　　叶嘉莹

主　编

　　陈　洪（南开大学教授）

　　徐兴无（南京大学教授）

编　委

　　王子今（中国人民大学教授）　　司冰琳（首都师范大学副教授）

　　白长虹（南开大学教授）　　　　孙中堂（天津中医药大学教授）

　　闫广芬（天津大学教授）　　　　张伯伟（南京大学教授）

　　张峰屹（南开大学教授）　　　　李建珊（南开大学教授）

　　李翔海（北京大学教授）　　　　杨英杰（辽宁师范大学教授）

　　陈引驰（复旦大学教授）　　　　陈　致（香港浸会大学教授）

　　陈　洪（南开大学教授）　　　　周德丰（南开大学教授）

　　杭　间（中国美术学院教授）　　侯　杰（南开大学教授）

　　俞士玲（南京大学教授）　　　　赵　益（南京大学教授）

　　徐兴无（南京大学教授）　　　　莫砺锋（南京大学教授）

　　陶慕宁（南开大学教授）　　　　高永久（兰州大学教授）

　　黄德宽（安徽大学教授）　　　　程章灿（南京大学教授）

　　解玉峰（南京大学教授）

总　序

陈　洪　徐兴无

　　我们生活在文化之中，"文化"两个字是挂在嘴边上的词语，可是真要让我们说清楚文化是什么，可能就会含糊其词、吞吞吐吐了。这不怪我们，据说学术界也有 160 多种关于文化的定义。定义多，不意味着人们的思想混乱，而是文化的内涵太丰富，一言难尽。1871 年，英国文化人类学家爱德华·泰勒的《原始文化》中给出了一个定义："文化，或文明，就其广泛的民族学意义上来说，是包含全部的知识、信仰、艺术、道德、法律、风俗，以及作为社会成员的人所掌握和接受的任何其他的才能和习惯的复合体。"[①]其实，所谓"文化"，是相对于所谓"自然"而言的，在中国古代的观念里，自然属于"天"，文化属于"人"，只要是人类的活动及其成果，都可以归结为文化。孔子说："饮食男女，人之大欲存焉。"[②]在这种自然欲望的驱动下，人类的活动与创造不外乎两类：生产与生殖；目标只有两个：生存与发展。但是人的生殖与生产不再是自然意义上的物种延续与食物摄取，人类生产出物质财富与精神财富，不再靠天吃饭，人不仅传递、交换基因和大自然赋予的本能，还传承、交流文化知识、智慧、情感与信仰，于是人种的繁殖与延续也成了文化的延续。

　　所以，文化根源于人类的创造能力，文化使人类摆脱了

---

　　① ［英］爱德华·泰勒：《原始文化》，连树声译，谢继胜、尹虎彬、姜德顺校，广西师范大学出版社，2005 年，第 1 页。

　　② 《礼记·礼运》。

1

自然,创造出一个属于自己的世界,让自己如鱼得水一样地生活于其中,每一个生长在人群中的人都是有文化的人,并且凭借我们的文化与自然界进行交换,利用自然、改变自然。

由于文化存在于永不停息的人类活动之中,所以人类的文化是丰富多彩、不断变化的。不同的文化有不同的方向、不同的特质、不同的形式。因为有这些差异,有的文化衰落了甚至消失了,有的文化自我更新了,人们甚至认为:"文化"这个术语与其说是名词,不如说是动词。① 本世纪初联合国发布的《世界文化报告》中说,随着全球化的进程和信息技术的革命,"文化再也不是以前人们所认为的是个静止不变的、封闭的、固定的集装箱。文化实际上变成了通过媒体和国际因特网在全球进行交流的跨越分界的创造。我们现在必须把文化看作一个过程,而不是一个已经完成的产品"②。

知道文化是什么之后,还要了解一下文化观,也就是人们对文化的认识与态度。文化观首先要回答下面的问题:我们的文化是从哪里来的? 不同的民族、宗教、文化共同体中的人们的看法异彩纷呈,但自古以来,人类有一个共同的信仰,那就是:文化不是我们这些平凡的人创造的。

有的认为是神赐予的,比如古希腊神话中,神的后裔普罗米修斯不仅造了人,而且教会人类认识天文地理、制造舟车、掌握文字,还给人类盗来了文明的火种。代表希伯来文化的《旧约》中,上帝用了一个星期创造世界,在第六天按照自己的样子创造了人类,并教会人们获得食物的方法,赋予人类管理世界的文化使命。

---

① 参见[荷兰]C. A. 冯·皮尔森:《文化战略》,刘利圭等译,中国社会科学出版社,1992年,第2页。

② 联合国教科文组织编:《世界文化报告——文化的多样性、冲突与多元共存》,关世杰等译,北京大学出版社,2002年,第9页。

有的认为是圣人创造的,这方面,中国古代文化堪称代表:火是燧人氏发现的,八卦是伏羲画的,舟车是黄帝造的,文字是仓颉造的……不过圣人创造文化不是凭空想出来的,而是受到天地万物和自我身体的启示,中国古老的《易经》里说古代圣人造物的方法是:"仰则观象于天,俯则观法于地,观鸟兽之文与地之宜,近取诸身,远取诸物。"《易经》最早给出了中国的"文化"和"文明"的定义:"刚柔交错,天文也。文明以止,人文也。观乎天文,以察时变;观乎人文,以化成天下。"文指文采、纹理,引申为文饰与秩序。因为有刚、柔两种力量的交会作用,宇宙摆脱了混沌无序,于是有了天文。天文焕发出的光明被人类效法取用,于是摆脱了野蛮,有了人文。圣人通过观察天文,预知自然的变化;通过观察人文,教化人类社会。《易经》还告诉我们:"一阴一阳之谓道,继之者善也,成之者性也。仁者见之谓之仁,知者见之谓之知。"宇宙自然中存在、运行着"道",其中包含着阴阳两种动力,它们就像男人和女人生育子女一样不断化生着万事万物,赋予事物种种本性,只有圣人、君子们才能受到"道"的启发,从中见仁见智,这种觉悟和意识相当于我们现代文化学理论中所谓的"文化自觉"。

　　为什么圣人能够这样呢?因为我们这些平凡的百姓不具备"文化自觉"的意识,身在道中却不知道。所以《易经》感慨道:"百姓日用而不知,故君子之道鲜矣。"什么是"君子之道鲜"?"鲜"就是少,指的是文化不昌明,因此必须等待圣人来启蒙教化百姓。中国文化中的文化使命是由圣贤来承担的,所以孟子说,上天生育人民,让其中的"先知觉后知""先觉觉后觉"[①]。

---

　　① 《孟子·万章》。

3

无论文化是神灵赐予的还是圣人创造的,都是崇高神圣的,因此每个文化共同体的人们都会认同、赞美自己的文化,以自己的文化价值观看待自然、社会和自我,调节个人心灵与环境的关系,养成和谐的行为方式。

　　中国现在正处在一个喜欢谈论文化的时代。平民百姓关注茶文化、酒文化、美食文化、养生文化,说明我们希望为平凡的日常生活寻找一些价值与意义。社会、国家关注政治文化、道德文化、风俗文化、传统文化、文化传承与创新,提倡发扬优秀的传统文化,说明我们希望为国家和民族寻求精神力量与发展方向。神和圣人统治、教化天下的时代已经成为历史,只有我们这些平凡的百姓都有了"文化自觉",认识到我们每个人都是文化的继承者和创造者,整个社会和国家才能拥有"文化自信"。

　　不过,我们越是在摆脱"百姓日用而不知"的"文化蒙昧"时代,就越是要反思我们的"文化自觉",因为"文化自觉"是很难达到的境界。喜欢谈论文化,懂点文化,或者有了"文化意识"就能有"文化自觉"吗? 答案是否定的。比如我们常常表现出"文化自大"或者"文化自卑"两种文化意识,为什么会这样呢? 因为我们不可能生活在单一不变的文化之中,从古到今,中国文化不断地与其他文化邂逅、对话、冲突、融合;我们生活在其中的中国文化不仅不再是古代的文化,而且不停地在变革着。此时我们或者会受到自身文化的局限,或者会受到其他文化的左右,产生错误的文化意识。子在川上曰:"逝者如斯夫。"流水如此,文化也如此。对于中国文化的主流和脉络,我们不仅要有"春江水暖鸭先知"一般的亲切体会和细微察觉,还要像孔子那样站在岸上观察,用人类历史长河的时间坐标和全球多元文化的空间坐标定位中国文化,才能获得超越的眼光和客观真实的知识,增强与其他文化交流、借鉴、融合的能力，增强变革、创新自己的文化的能力，这也叫做"文化自主"的能力。中国当代社会人类学家费孝通先生说：

> "文化自觉"是当今时代的要求，它指的是生活在一定文化中的人对其文化有自知之明，并对其发展历程和未来有充分的认识。也许可以说，文化自觉就是在全球范围内提倡"和而不同"的文化观的一种具体体现。希望中国文化在对全球化潮流的回应中能够继往开来，大有作为。①

因为要具备"文化自觉"的意识、树立"文化自信"的心态、增强"文化自主"的能力，所以，我们这些平凡的百姓需要不断地了解自己的文化，进而了解他人的文化。

中国文化是我们自己的文化，它博大精深，但也不是不得其门而入。为此，我们这些学人们集合到一起，共同编写了这套有关中国文化的通识丛书，向读者介绍中国文化的发展历程、特征、物质成就、制度文明和精神文明等主要知识，在介绍的同时，帮助读者选读一些有关中国文化的经典资料。在这里我们特别感谢饶宗颐和叶嘉莹两位大师前辈的指导与支持，他们还担任了本丛书的顾问。

中国文化崇尚"天人合一"，中国人写书也有"究天人之际，通古今之变"的理想，甚至将书中的内容按照宇宙的秩序罗列，比如中国古代的《周礼》设计国家制度，按照时空秩序分为"天地春夏秋冬"六大官僚系统；吕不韦编写《吕氏春

① 费孝通：《经济全球化和中国"三级两跳"中的文化思考》，《光明日报》2000年11月7日。

秋》，按照一年十二月为序，编为《十二纪》；唐代司空图写作《诗品》品评中国的诗歌风格，又称《二十四诗品》，因为一年有二十四个节气。我们这套丛书，虽不能穷尽中国文化的内容，但希望能体现中国文化的趣味，于是借用了"二十四品"的雅号，奉献一组中国文化的小品，相信读者一定能够以小知大，由浅入深，如古人所说："尝一脔肉，而知一镬之味，一鼎之调。"

2015 年 7 月

目　录

绪　言

距今约 7000 年前,在尼罗河流域、两河流域、印度河流域以及黄河流域先后出现了一批远古文明,人类步入了文明时代。此后,随着文明的扩散与文化的交融,世界上又形成了中国文化圈、印度文化圈、伊斯兰文化圈、基督教文化圈等主要文化圈。

尽管由于地理环境的阻隔和科技水平的制约,古代不同文明之间的交流往来不及今日便利,然而这种交流还是留下很多难以抹去的印痕。根据考古学发现,中国与外部世界的交往,最早可追溯至新石器时代。及至秦汉时期,陆路、海上丝绸之路开通,中外经济与文化交流经久不辍。中西之间或直接、或间接的交往,多载于中外典籍之中,直到清朝政府统治时期因采取闭关政策而渐趋萎缩。

在历史的岁月中,中华文化形成了一整套独特的发展模式。这种模式可被称作"王朝循环"的模式:自秦至清,"大一统"的王朝统治交替实行了 2000 余年,其经济基础是自给自足的小农经济与家庭手工业相结合的结构,政治基础是中央集权的皇权制度与文官组织相配合的结构,改朝换代的动因是内部的分裂或农民起义。江山易主,循环往复,但中国的政治、经济、文化体制却一脉相承,只发生着缓慢的微小变化。政治统一、经济发展与民族融合,虽然展现出中华文化的深厚底蕴,但是也容易造成僵化的心理定势,产生文化优越感,在面对危机时,缺乏有效的调节机制。至清朝政府统治时期,君主专制与传统儒家学说愈发丧失活力,成为社会发展的严重束缚。传统中国的发展模式极大地阻碍了现代政治、经济、法律体制以及伦理观念的确立。

然而,欧洲并未形成像中国这样的"大一统"帝国。罗马帝国虽然凭借着强大的军事实力维持了政治统一,但是却没能形成统一的民族文化体系;基督教会曾以教权代替王权,重新整合了欧洲的文化风貌,却仍然保留了族群林立的封建制度。长期的族群林立保留了欧洲文化的多样性,在遇到内外挑战的时候,各种异质性的特色,可使它们从众多选项中找出某种适应方式。与东方强大的专制帝国不同,中世纪的欧洲长期实行封建制度,土地由封君分配给臣属,双方以契约形式固定相互关系,各享权利,各尽义务。封建领主在各自领地享有完全独立的行政、司法权,每一个封建庄园都是一个独立的经济体。自给自足的经济、分散的权力以及松散的社会联系,让中世纪的欧洲在许多方面都远远落后于同时代的中国。然而,在西欧也有一些独特的城市和商业文化,值得关注。西欧的城市从封建主手中赎买或夺取,在经济上与庄园经济体系互不统属;在政治上实行城市自治,不存在封建人身依附关系。"体制外"的市民社会虽然力量弱小,却是新思想、新文化的策源地,资本主义在此孕育成长、破土而出。

1500年前后,西欧发生了一系列重大变革。农奴制解体、文艺复兴和宗教改革,解除了人身束缚与思想束缚。民族国家的建立和地理大发现,西欧社会的商业精神也得到伸张。西欧至此开始由传统的农业文明向现代的工业文明转变。此后,经过启蒙运动和一系列改革与革命运动,资本主义制度最终在欧洲各国建立起来。18世纪中后期至19世纪上半叶,英国率先开展并完成了工业革命,技术革新引发了生产力的显著提升,机器生产取代了手工劳动。产业革命随后传至欧洲大陆及北美地区,欧美各主要国家先后完成了工业化进程。为谋求自身发展,西方国家开始海外掠夺与殖民扩张,在全球范围内寻找资源与商品市场。原本在西欧一隅创生的资本主义文明,经由西方国家的全球扩张而具备了一定的世界性与普遍性。诚如《共产党宣言》所言:"资产阶级,由于一切生产工具的迅速改进,由于交通的极其便利,把一切民族甚至最野蛮的民族都卷进文明中来了。它的商品的低廉价格,是它用来摧毁一切万里长城、征服野蛮人的最顽强的仇外心理的重炮。它迫使一切民族——如果他们不想灭亡的话——采用资产阶级的生产方式,它迫使它们在自己那里推行所谓文明制度,即变成资产者。一句话,它按照自己的面貌为自己创造出一个世界。"

无论情愿与否,中国等非西方的民族和国家逐渐被纳入资本主义的世界体系之中。有识之士只能尝试着适应这种变化了的世界格局,为本民族国家的振兴与发展而不断奋斗。至此,人类社会进入了一个"现代化"的新阶段。何谓"现代化"(Modernization)?依据当代中国学者罗荣渠的定义,从历史的角度来看,广义而言,现代化作为一个世界性的历史过程,是指人类社会自工业革命以来所经历的一场急剧变革,这一变化以工业化为推动力,导致传统的农业社会向现代工业社会的全球性的大转变过程,它使工业主义渗透到经济、政治、文化、思想各个领域,引起深刻的变化;狭义而言,现代化又不是一个自然的社会演变过程,它是落后国家采取高效率的途径(其中包括可利用的传统因素),通过有计划的经济技术改造和学习世界先进,带动广泛的社会改革,以迅速赶上先进工业国家和适应现代世界环境的发展过程。正如一些外国学者所说,现代化是人类历史上最剧烈、最深远并且显然是无可避免的一场社会变革;它是一个多层面的进程,涉及人类思想和行为所有领域里的变革。

现代化是一个比较系统的浩大工程,包括政治民主化,经济工业化,学术知识科学化,社会生活城市化,以及思想文化领域的自由化、人性化等。现代化标榜生产力的解放与人性的解放,它从欧美资本主义国家开始,却又不专属于西方社会。现代化不能完全等同于"西方化"、"工业化",然而由于西方国家超强的实力与文化上的优势,在相当长的时间里,欧美国家的发展经验就成为了其他国家学习、仿效的榜样。因此,包括中国在内的这些非西方国家和地区,现代化又往往表现为在各个领域的西方化。在追逐现代化的过程中,中国文化与西方文化究竟发生了怎样的冲突、碰撞、吸收、融合乃至综合创造,演绎出哪些充满喜怒哀乐的故事?这也成为认识和品评中国文化近代命运的重要方面。

自鸦片战争(1840—1842)在英国的坚船利炮的攻击下失败之后,中国的主权不断受到损害,传统的"王朝循环"被打破,开始了漫长而艰难的现代转型。西方的物质文化与精神文化联袂东传,从南至北、由沿海至内地,对中国社会各界人士都产生了不同程度的影响。向西方学习的时代潮流,在近代中国社会不断掀起波澜。为拯救民族危亡,不少志士仁人勇敢地接受来自西方的新思想、新文化,探索变法图强之道。

早在 19 世纪中叶,部分开眼看世界的思想先驱就提出了"师夷长技"的主张,可惜未能产生显著的社会影响。而脱胎于农民革命的太平天国运动,也是依靠改造后的西方宗教来动员、组织民众的,只是到了革命后期,部分领袖人物才意识到全面学习、推行西方资本主义制度的必要。19 世纪 60—90 年代,清朝政府内部的洋务派官员开始了旨在"自强"、"求富"的洋务运动。他们想在不改变传统体制的前提下,从军事、经济、教育、文化、外交等诸多方面进行有限度的现代化改革。然而,这种不彻底的变革最终不能带领中国走向富强。

中国在甲午战争(1894—1895)中对日本的军事失利,引发了中国人的民族觉醒与文化自觉,效法西方先进制度的思想渐成主流。改良派与革命派开始崛起,前者主张推行温和的资本主义改革,建立君主立宪制度;后者则赞同暴力革命,推翻清朝政府的统治,建立全新的民主共和国家。戊戌变法是改良派参与的一次并不成功的政治实践,而发端于清朝最后 10 年(1901—1911)的清末新政,则是清朝政府为解除统治危局而进行的现代化改革,也可视为洋务运动与戊戌变法的继续。

辛亥革命后,中华民国建立,资本主义民主共和制度在中国出现了。然而,民初政局十分动荡,最终滑向了军阀混战和割据的深渊。不少有识之士意识到了政治革命的局限性,开始关注国民思想观念的启蒙,着力清除传统文化中的糟粕,五四新文化运动就此展开。各种西方学说纷纷涌入中国,思想界渐趋活跃。随着国内外局势的变化,这场文化革新运动走向深入。人们对中国传统文化与西方文化的认识不断提高,变法图强事业进入新阶段。

勿须讳言,中国的现代化转型与西方国家的介入有关。这场由浅入深渐次展开的变革,受到外部、内部双重作用的牵引和驱动。首先是一连串外事的刺激使之不断深化和完善。如黄仁宇所言:"除了鸦片战争结束时朝廷犹以'筹办夷务'的方针对待各国,可算迟钝外,以后较深的刺激,已作梯度式的反应。造船制械、力求争取现代科技的改进既无实效,则企图从法制方面革新,如修改宪法、编列预算。这样的计划可能动摇传统以'圣谕'及'皇恩'统治全国的根本,于是索性推翻 2000 多年来的君主制度。如此再无实效,则发动五四运动,知识分子主张本身的革新,及于生活习惯语言文字。"尽管"冲击—反应"论已经受到不少批评,但西方国家对中国近代变革的影响的确是难以否认的客观存在。

其次是面对西方文化的强势冲击,中国人也并没有完全处于被动局面,选择全盘接受。尽管接连遭遇军事、外交挫折,绵延数千年的中华文化依然表现出顽强的生命力。这是品评中国文化的重要议题,值得深入思考。应该说,中国传统文化具有保守、落后的一面,阻碍了中国人对西方现代文明的接受,造成了中国现代化转型的延误和一波三折;不过,中国传统文化还有向对手学习、择善而从的另一面,在珍视传统文化的价值与功用之同时,大胆改良、创新。从清朝中期的"经世致用"思想,到晚清洋务派与部分维新派共享的"西学中源"、"中体西用"等,再到清末国粹派、民国初年的孔教运动,以及五四新文化运动时期的文化保守主义和"整理国故"运动,传统文化不但没有被西方文化彻底击垮,反而展现出一定的自我革新空间。经过时代洗礼的中华文化,在现代社会依然充满生机与活力。近代热衷传统文化改造的知识分子在具体问题上出现过意见分歧,他们的基本态度却普遍遭到人们的质疑,甚至指责。然而,他们都在不约而同地努力着,奋争着,避免民族文化的泯灭,使之在新的社会、文化环境里存活下来,并在文化转型中发挥更大的作用。

近代中国文化的巨变,其性质之深刻、规模之广大、任务之艰巨、冲突之激烈,可谓空前绝后。它与政治革命、经济转变、社会进步和民族复兴事业相伴相随,是一个统一、连续的文化综合创造的过程。在漫长的历史长河中,近代中国人变法图强的思想与实践,只是沧海一粟。但就是这一串串水滴,却闪耀着时代的光芒,映照出中华文化的共时性诸多要素,同时也折射出现代化进程中变革的某些不确定性,亟待人们的深入探究和思索,等待着您的品评与回味。

天朝危局：中国现代化之路向何方

　　19世纪中叶，中国正处于清王朝统治的晚期，康乾盛世已为陈迹，朝廷腐败，弊政丛生。1840年，鸦片战争爆发，西方列强以武力打开了中国的国门。在内外交困、西学东渐的时代，不少有识之士痛定思痛，从制度和文化理念等层面探索强国御侮之道。从经世致用到师夷长技，中国人的变法图强，就此拉开帷幕。

前近代的中国与世界

一、前近代的中西文化交流

近代以前中西之间较大规模的文化交流，始于 16 世纪中叶，即明朝中后期。明清之际，随着欧洲文明的崛起，天主教传教士再度联袂东来，且大多是耶稣会士，其中较为有名的有沙勿略（St. Francois Xavier）、范礼安（Alessandro Valignano）、利玛窦（Matteo Ricci）、罗明坚（Michele Ruggleri）、汤若望（Johann Adam Schall von Bell）等人。利玛窦等人来华后，采取"合儒"策略，对中国传统习俗持宽容态度。此外，他们还主动学习中国文化，并通过介绍西方科技、艺术等方式，博得中国皇帝与士大夫的好感，一度取得了较大的成功。

明末清初的来华耶稣会士，虽意在传教，却在不经意间成为了汇通中西文化的使者。耶稣会士在把西方科学文化知识传入中国的同时,也把一大批儒家经典以及对中国传统思想文化的研究成果介绍给欧洲。"西学东渐"与"中学西传"在此交相辉映,中西之间平等互惠、各取所需。在中国,随着大量西方科学文化成果的引入,天文、历法、数学、物理、医学、哲学、地理、水利、建筑、音乐、绘画等传统学问中出现了新的内涵,发生了新的变化。这在某种程度上有助于士大夫阶层知识的增益、眼界的拓宽与观念的转变。在欧洲,16—18 世纪出现了"中国文化热",对启蒙运动产生了不容低估的影响。儒家无神论的哲学思想、德治主义的政治思想、融法律与道德为一体的伦理思想,以及重农轻商的经济思想,尤为西方启蒙思想家所关注。他们从中汲取养料,作为反神学、反封建、反专制的思想武器。虽然西方启蒙思想家对中国传统文化"为我所用"式的功利性阐释,或多或少是一种"误读",但这种"误读"却成为文明进步的必由之路,并做出了重要的贡献。正因为如此,德国著名哲学家、数学家莱布尼兹(Gottfried Wilhelm Leibniz)将这一时期的中西交流称作是"一次互相的启蒙"。

因此,明清之际的中西文化交流并非完美无缺。来华耶稣会士出于神学的考量,对西方科学文化的介绍往往是有选择性的。某些影响深远的新成果,他们或鲜有提及,或语焉不详。此外,此次文化交流的范围与影响力也比较有限,局限在部分士大夫阶层与传教活动较为活跃的省份。清朝建立后,由于统治者实行"节取技能、禁传学术"的政策,西学传播的范围更加狭窄,清朝皇帝对西学的掌控更加严密。至康熙时期,又爆发了"礼仪之争"。1704 年,罗马教皇发布禁约,禁止中国教区的教徒敬天、祀孔、敬祖,并派特使到中国晋见皇帝。其间,却采取了不为清朝统治者认可的礼仪规范。康熙闻之大为不悦，与教廷关系急剧恶化。1717 年，清朝皇帝下令禁止天主教在中国的传播，此后历代君王皆奉行禁教政策。1773 年，教廷宣布解散耶稣会，消息两年后传到中国，耶稣会宣告解散。此后，中西文化交流日趋衰落，几近断绝。随着西方工业文明日渐成熟，西方人的文化自信也随之增强，对外扩张的强度和速度超过以往。对中国来说，文化交流的中辍更为致命的是：中国失去了一次与西方平等交往、取长补短的时机，为近代的衰落留下了隐患。

二、清王朝的衰落与世界资本主义的勃兴

18 世纪的中国，虽然经济、文化都达到了前所未有的高度，出现了"康乾盛世"的局面，但在乾隆末期已显露出衰败的兆头。嘉庆时期由盛转衰，无论政治、经济、文化都开始走下坡路，吏治腐败、军备废弛、土地兼并十分严重。统治者厉行文化专制，大兴文字狱，严重削弱了中国文化的生机与活力。人民走投无路，反清起义不断发生。

清政府对内维持日益破败的专制统治，对外则奉行闭关自守的政策。一方面严格限制中国人出海贸易或侨居国外，严格限制中国的粮食、铁器、硫磺、丝茶和书籍等货物出口，另一方面则严格限制来华的外国人的活动，防范外国人与中国人接触。鸦片战争爆发前，中外贸易被严格限定在广州一地，由清朝政府设立的公行管理外商。闭关政策不仅限制了中外贸易的蓬勃发展，还阻碍了中国科学文明的进步，也助长了统治者虚骄、守旧和盲目自大的恶习。总之，至 19 世纪中叶，清王朝早已经失去了盛世的荣光。

清朝国力日益衰退的时候，又恰恰是西方资本主义蓬勃发展的时期。清军入关前后，世界形势发生了巨大的变化。资本主义制度在欧洲逐渐确立，各主要资本主义国家争先恐

后地向海外进行殖民扩张。他们依靠海盗式掠夺、贩卖奴隶、走私鸦片、发动殖民战争以及争夺海上霸权等手段,从亚洲、非洲、美洲攫取了大量财富,扩大资本主义原始积累,加速了资本主义的发展。其中,英国在18世纪中叶开始进行工业革命,迅速成为世界上最发达的工业国家。随着国内资本主义的迅猛发展,为争夺更多的销售市场和原料产地,英国加快了对外侵略扩张、开辟市场、建立殖民地的步伐。此时中国的东部、南部、西南部很多区域,正成为外国侵略势力觊觎的目标。

可悲的是,统治中国的清王朝依然昧于世界形势,做着"天朝上国"的迷梦。他们妄自尊大,认为中国地大物博,无所不有。中国不需要依靠外国,西方却离不开中国,外邦人皆是"夷狄蛮貊",遣使来华,是"输诚向化"、"万方来朝",把"通商"作为一种施予"蛮夷"的恩惠,是"怀柔远人"的一种策略。在"天朝上国"观念的支配下,清朝政府不仅对西方殖民者的扩张图谋视而不见,而且对外交往时也斤斤计较于所谓的"礼仪问题"。1792年,英国以补贺乾隆八十寿辰为名,派遣以马戛尔尼(George Macartney)为首的使团来华。次年9月在热河觐见皇帝,提出开放宁波、舟山及天津为通商口岸,在京设立商馆,划舟山一岛给英国做商业基地,在广州附近设立供英商居住的地区(或允许英人在广州"出入自便"),减免英货在广州和澳门之间的税额等请求。乾隆皇帝向英王颁发"敕谕",逐条予以驳斥,令马戛尔尼乘兴而来,扫兴而去。1816年,英国又派遣阿美士德(William Pitt Amherst)为首的使团来华,要求驻使北京、开放北方通商口岸,并争取在广州的英商拥有更大的自由等。该使团也由于觐见的礼仪问题,同清政府争执不下而被赶了回去。马戛尔尼和阿美士德使团虽然无功而返,但绝不意味着中国是胜利者。然而清政府仍然因循旧有模式，对变化了的世界了解不多，也不愿意去了解，从而决定了清政府此后在遭遇西方殖民者攻击时，陷入懵懂与被动的境地。

三、鸦片走私与禁烟运动

所谓"鸦片战争"（Opium War），在英国也被称为"第一次英中战争"（First Anglo-Chinese War）或"通商战争"。尽管由于立场不同，人们对这场战争的命名与评判存在分歧，但战争与中英之间的贸易冲突、与英国非法的鸦片走私有着紧密的关联，确实是毋庸置疑的。

从 18 世纪后期开始，英国的毛织品、金属制品、钟表、玻璃等商品涌入中国，中国的茶叶、生丝、土布和药材输入英国的数量也成倍增长。英国成为中国最大的贸易对象。然而，鸦片战争前的中国是一个自然经济占主导地位的国家，人们的生活基本自给自足，对外国商品的需求量非常少。中国在对外贸易中一直处于出超的地位，每年大量白银流入中国。以中英贸易来看，英国运到中国的商品，除了少量的毛织品、金属制品和从印度转贩而来的棉花外，其他商品几乎无人问津。贸易逆差使英国的白银源源不断地流入中国。为了解决贸易失衡的问题，英国政府先是派遣使节，希望中国能够取消闭关政策，此后又于 1834 年结束了东印度公司对华贸易的垄断特权，直接派遣驻华商务监督代表政府同清朝政府谈判，还试图增加煤炭、铜、钢铁、麻布、斜纹布等商品种类。然而，这一切均未能改变中英贸易的基本格局和走向。

既然和平、合法的手段不能获得预想的效果，为改变这种局面，牟取实际利益，英国开始把目光盯在鸦片走私上面。19 世纪后，英国开始将大量的鸦片自印度殖民地输入中国，甚至不惜花费重金收买清朝官吏、勾结中国烟贩，在中国建立贩毒网络。由于对华输入鸦片的数量不断增加,到鸦片战争前夕,英国在对华贸易中已由入超变为出超。中国对外贸易的长期优势被打破,白银大量外流,引起了一连串的社会恶果:银贵钱贱,国内银钱比价变动频繁,加剧了人民的赋税负担,生活也愈发贫困。随着各省拖欠的税款日益增多,清政府出现了财政危机。此外,鸦片的泛滥,毒害了中国人的身心健康,加剧了民族危机。

围绕鸦片问题,清政府内部出现了严重分歧,形成了以首席军机大臣穆彰阿、太常寺卿许乃济等人为代表的驰禁派和以鸿胪寺卿黄爵滋、湖广总督林则徐为代表的严禁派。双方争论不已,最终,严禁派占了上风,获得了道光皇帝的支持。1838 年 10 月,道光皇帝下令各省认真查禁鸦片。转年 6 月,清政府制订《查禁鸦片章程》,禁烟运动在辽宁、山东、山西、陕西、河南、湖北、湖南、江苏、江西、浙江、福建、广东、广西、四川、云南、贵州、新疆等地逐渐兴起,其中,尤以林则徐在广东地区的禁烟运动引人注目。林则徐(1785—1850),福建侯官人,字元抚,一字少穆,嘉庆进士。1838 年 9 月,他上奏道光皇帝,赞成重治鸦片吸食者,强调"法当从严,若犹泄泄视之,是使数十年后,中原几无可以御敌之兵,且无可以充饷之银"。12 月,道光皇帝任命林则徐为钦差大臣,前往广东查禁鸦片,节制广东水师。翌年 3 月,林则徐到达广州,会同两广总督邓廷桢,整顿海防、严拿烟贩、惩处受贿卖放的水师官弁。与此同时,他对外国烟贩也采取了严厉措施,责令外商将趸船上所存鸦片造具清册,听候收缴,并具甘结,声明嗣后来船永不敢夹带鸦片,如有带来,一经查出,货即没收,人即正法。林则徐态度十分坚决地表示:"若鸦片一日未绝,本大臣一日不回,誓与此事相始终,断无中止之理。"

英国人不甘受制于人,千方百计地对抗和破坏林则徐的禁烟部署。驻华商务监督义律(Charles Elliot)一面下令趸船逃离,一面抗议广州设防,还命令英国军舰进行战争准备,并企图包庇烟贩、阻止洋商交出鸦片。广州民众闻讯之后包围了洋馆,林则徐下令停止中英贸易,派兵监视洋馆,断绝广州与澳门的交通,迫使英国人就范。英国烟贩被迫缴出 2 万余箱鸦片。林则徐在虎门海滩销毁了所有收缴来的鸦片,用了20 余天才销毁完毕。

鸦片战争及其后果

一、鸦片战争与不平等条约的订立

　　1839 年 8 月,林则徐在广东收缴和销毁鸦片的消息传到了英国,引来一片对华宣战的叫嚣。10 月,英国召开内阁会议,决计对华动武。外交大臣巴麦尊(Henry John Temple, 3rd Viscount Palmerston)明确表示:对付中国的唯一办法,"就是先揍它一顿,然后再做解释",主张立即调遣军舰封锁中国。陆军大臣麦考莱(Thomas Babington Macaulay)也坚决主张对华采取军事行动。于是,内阁会议做出了"派遣一支舰队到中国海去"的决定。1840 年 1 月,道光皇帝命令林则徐断绝中英一切贸易。2 月,英国政府任命懿律(George Elliot)和义律作为同清政府交涉的正、副全权代表,并任命懿律为总司令。4 月,英议会正式通过了发动侵华战争的决议案,派兵开赴中国。6 月,懿律率领的"东方远征军"相继从印度、开普敦等地到达中国广东海面,封锁珠江口,悍然发动战争。由于广东水师的英勇抵抗,奋勇反击,英军无法侵占广东,只得分兵北上。8 月,英军闯入天津,向直隶总督琦善递交照会,提出赔款、割地等要求,震动京师。投降派趁机攻击林则徐,道光皇帝下令将林则徐革职,派直隶总督琦善接任。转年 1 月,英军乘虚而入,攻陷虎门炮台后,又将兵舰驶入珠江,进逼广州,此后还继续北犯,厦门、吴淞口、镇江相继失陷。军事溃败使得清朝政府慌乱不堪,被迫求和。1842 年 8 月,耆英、伊里布奉命全权办理对英交涉。两人先后到达南京,开始与英国全权公使璞鼎查(Sir Henry Pottinger)谈判。

8月29日,耆英、伊里布等人与璞鼎查在英舰"汉华丽"号上签订了中国近代第一个不平等条约——中英《南京条约》。主要内容有:割香港给英国;开放广州、厦门、福州、宁波、上海五处为通商口岸;赔偿英国2100万元;协定关税,英国对华进口货物缴纳税款,由中英双方议定。1843年7月、10月,中英又相继签订了《五口通商章程》和《虎门条约》,作为《南京条约》的补充。英国又攫取了领事裁判权、片面最惠国待遇,英国人享有在通商口岸租地、建屋、建立租界,以及压低关税等多项特权。《南京条约》开启了外国侵略者用不平等条约使对华侵略"合法化"的先例。此后欧美列强纷至沓来,纷纷强迫清政府签订不平等条约,并根据片面最惠国待遇的规定相互援引,使中国丧失更多的主权。《南京条约》签订后,美国和法国争相效尤,1844年7月中美签订《望厦条约》,10月中法签订《黄埔条约》。美、法两国除享有英人在《南京条约》中的全部特权外,还扩大了侵略特权。如《望厦条约》扩大了领事裁判权,规定中国人与美国人、美国人与其他外国人在华发生的一切诉讼,中国官员均不得过问;扩大了关税协定权,规定中国要变更关税税则,必须取得美国的同意。中法《黄埔条约》不但攫取了英美所取得的全部特权,还获得在通商口岸传教以及清政府必须保护教堂和传教士的特权。1846年2月,清政府被迫宣布解除清初颁布的禁止天主教在华传教的禁令。

二、鸦片战争对中国社会、文化的深远影响

鸦片战争及一系列不平等条约的签订,是中国遭受西方资本主义奴役的开始,也是中国社会、文化的重要转折点。比对战前、战后的各种情况,变化尤其明显。战前,中国是领土完整和独立自主的国家。战后，中国不仅在政治上开始丧失独立自主的地位，在经济上也日益沦为西方资本主义的附庸。外国人在五口地区倾销商品、走私鸦片、掠夺原料、强占租界、控制海关，加深了对中国的经济侵略。

然而，鸦片战争带给中国的影响，不只有破坏的一面，还有超出西方列强预料的另一面。随着西方资本主义的经济入侵，中国传统的自然经济逐渐解体，现代资本主义工商业在口岸城市发展壮大。鸦片战争后，在各通商口岸，外国商人直接雇佣中国人充当居间人或代理人为其推销商品和收购出口货物，这些居间人或代理人成为中国近代买办、民族资本家的前身。与此同时，还出现了一些以出卖劳动力为生的码头工人和在外轮上工作的海员，以及船舶修造工人等。他们是中国最早的产业工人。随着买办、民族资本家与产业工人群体逐渐形成，各自的文化和政治诉求纷纷出现，中国的社会结构更加复杂，蕴藏着巨大的变革潜能。

1845年，英国人在上海建立租界，是为西方列强在华设立租界之始。此后美、法两国也分别在上海划定租界，建立起一套殖民地管理制度，并推广到其他通商口岸。最初，中国政府对租界内行政、司法还有干预权。后来，外国侵略者逐渐实行独立于中国的行政系统和法律制度，使租界成为"国中之国"，成为他们进行政治和经济侵略的基地。然而，租界既是"侵略基地"，也是全面展示西方现代文明的橱窗。以上海为例，"浦滨一带，率皆西人舍宇"。机制棉纺织品、自鸣钟、望远镜、显微镜、寒暑表、火轮机器、照相术、西医西药、书馆印厂、公园、学校、报刊杂志乃至西洋节庆、新式婚礼，纷纷登陆沪上，深刻影响着当地中国人的日常生活和思想观念。透过口岸城市中的租界，中国人看到了传统文化中的种种不足；租界里散发出来的文明气息，展现出来的各项成果，成为他们改变自己、改造国家的范本。

单就文化而言,鸦片战争还催生了近代中国西学东渐的又一次高潮。直到 20 世纪初,外国传教士一直扮演着重要的角色。基督教传教士输入西学的实践活动,可以追溯至 19 世纪初。1807 年,英国伦敦会传教士马礼逊(Robert Morrison)飘扬过海来到中国,由于清政府厉行禁教和闭关政策,传教活动难以在中国内陆地区展开。于是,在毗邻中国的南洋一带,如马六甲、巴达维亚(今雅加达)、新加坡等地,逐渐聚拢了一批西方传教士。他们开学校、办印刷所、出版书籍报刊,在华人中传播西学。鸦片战争后,凭借不平等条约的庇护,基督教会的文字、教育、医疗、慈善等项事工得以迅速扩展至中国沿海各主要通商口岸,在传播西方现代科学、推广新式教育、改良社会风俗、开展慈善事业等方面均做出了不少努力和贡献,深刻影响着近代中国社会文化及其走向。可以说,对于近代中国的现代化事业,基督教传教士有拓荒、启蒙之功。

从经世思潮到开眼看世界

一、传统文化的自我调适与经世思潮的复兴

19世纪清王朝的衰落与鸦片战争的爆发,对中国传统文化产生了较大的影响。儒家学说的内在格局也发生了某些变化,乾嘉时期曾盛极一时的汉学(即古文经学、朴学、考据学)逐渐没落,理学、今文经学、经世之学再度复兴。嘉道之际,随着社会矛盾的激化,汉学泥古琐碎、空疏无用、脱离现实的治学理念已无法应对严峻的、急剧变化的局面。一些关注国计民生且以"治国平天下"为己任的思想家和开明官绅,开始大力呼吁重振清初"经世致用"的学风,反对脱离实际,注重研究现实问题,以求纾解民困、匡时济世、安定民心。

经世思想古已有之,早在汉代就已经逐渐成为儒家文化的传统之一。纵观中国历史,每当社会出现严重危机、亟待变革之时,往往是经世思想的活跃时期。1826年,贺长龄、魏源编辑的《皇朝经世文编》问世,揭开了前近代经世思潮的序幕。该书凡140卷,分学术、治体、吏政、户政、礼政、兵政、刑政、工政八类,类下又分子目,汇编了自清初至道光初年的官方文书、专著、述论、奏疏、书札等文献,共计2236篇文章,出自702人之手。《皇朝经世文编》出版后影响较大,曾多次翻印。道咸之际,历经鸦片战争的刺激,经世思潮蔚然成风,成为这一时期的显学。诚如梁启超在《清代学术概论》一书中所说:

"鸦片战役"以后，志士扼腕切齿，引为大辱奇戚，思所以自湔拔；经世致用观念之复活，炎炎不可抑。又海禁既开，所谓"西学"者逐渐输入；始则工艺，次则政制。学者若生息于漆室之中，不知室外更何所有，忽穴一牖外窥，则粲然者皆昔所未睹也。还顾室中，则皆沈黑积秽。于是对外求索之欲日炽，对内厌弃之情日烈。欲破壁以自拔于此黑暗，不得不先对于旧政治而试奋斗，于是以其极幼稚之"西学"知识，与清初启蒙期所谓"经世之学"者相结合，别树一派，向于正统派公然举叛旗矣。

道咸之际的"经世"思潮，主要表现为四个方面：一是批判现实、倡言变法；二是改革弊政，研讨漕运、海运、盐法、河工、农事诸大政；三是探究边疆、域外史地，用以御敌保疆；四是纂修当代历史。其代表人物主要有：阮元、李兆洛、陈寿祺、包世臣、陶澍、徐松、张穆、贺长龄、林则徐、姚莹、周济、龚自珍、黄爵滋、金应麟、魏源、陈庆镛、徐继畬、梁廷枏、沈垚、张际亮、夏燮、汤鹏、陈金城、吴嘉宾、鲁一同、何秋涛、杨士达、林昌彝等。这些人士身份复杂，上有封疆大吏、朝廷重臣，下有寄人篱下的幕僚；其学术背景与具体主张多有不同，但大体秉持经世务实、救世济民的治学理念，这也体现出经世思潮具有丰富的内涵和广泛的文化基础。

经世之学有着强劲的生命力。自《皇朝经世文编》问世后，续编之作层出不穷，到1913年的《民国经世文编》为止，竟达20种之多。尽管经世致用思想在本质上仍属于"旧学"的范畴，其对传统文化的继承、批判与变革，对西学的理解与采纳等方面有着不尽如人意的地方，但在国门初开、西学尚未被广泛接受的转型时期，经世思想显然起到承上启下的作用。正是在经世之学"务实"、"求变"理念的指引下，有识之士开始直面危机,了解世界、接纳西学。经世思潮对近代"新学"和中国文化的现代化产生了积极的影响。

二、面向西方:开眼看世界的先驱

鸦片战争的惨痛教训和中国社会的剧烈变化,促使一部分开明官员和士绅改变了之前闭目塞听和妄自尊大的态度,提出了认识西方、学习西方和抵御外侮的新观点。许多志士仁人积极探求西方的科学知识,研究外国的历史和地理知识,介绍西方资本主义的科学技术,逐渐形成了认识西方、向西方学习的新思潮,出现了一批具有重大启蒙作用的思想家及其著作。据统计,1841—1861年间,中国人至少编写了22部介绍世界各地情况的著作,涉及政治、经济、法律、军事、科技、历史、地理、文化、教育、宗教等方面。

1. 林则徐:开眼看世界的第一人

林则徐被誉为"开眼看世界的第一人"。早在鸦片战争期间,出于禁烟的需要,他已开始设法了解夷情,并组织人员编译西方书刊。新闻、历史、地理、经济、法律、军事、科技、文化、对华评论等,均在其搜求编译之列。由他主持编译的文献主要有《华事夷言》、《澳门新闻纸》、《澳门月报》、《各国律例》、《四洲志》等等,其中《四洲志》的影响最大。《四洲志》依据英国人慕瑞所编著的《世界地理大全》翻译而成,是一部世界地理著作,简明扼要地叙述了世界五大洲30多个国家的地理、历史和政情,是近代中国第一部相对完整、系统的世界地理志书。此后,林则徐将《四洲志》抄本及有关资料转交好友魏源,为魏源编著《海国图志》提供了不少便利。

2. 魏源与《海国图志》

魏源(1794—1857),字默深,湖南邵阳人。1841年进入两江总督裕谦幕府,鸦片战争时期参与了浙东的抗英战争。

作为战争的亲历者，魏源亲眼目睹了清朝政府在战争中暴露出来的一些问题。是年，他接受了林则徐的嘱托，在《四洲志》的基础上增补大量资料，于次年 12 月编成《海国图志》50卷。1847 年，他将该书的内容扩充到 60 卷，1852 年又增加至 100 卷。

作为近代中国人编撰的一部世界史地著作，该书主要根据林则徐的《四洲志》、中国历代史志以及明末至鸦片战争时期西人所写的世界历史地理著作、地图、部分科技资料勾稽贯串而成。正如魏源本人所言，与以往域外史地著作"皆以中土人谭西洋"不同，吸收了西人著述成果的《海国图志》是在努力"以西洋人谭西洋"。

魏源在序言中阐释了编纂《海国图志》的目的："是书何以作？曰：为以夷攻夷而作，为以夷款夷而作，为师夷长技以制夷而作。"为达到此目的，魏源将总结鸦片战争教训、论述海防战略战术的《筹海篇》作为开篇，置于各卷之首。之后重点介绍了五大洲数十个国家的历史地理情况，末尾尚有《国地总论》、《夷情备采》以及关于仿造西洋船炮及介绍西方科学技术的《西方器艺杂述》数卷。百卷本《海国图志》约有 88 万字，并有各种地图 75 幅，西洋船、炮、器艺等图式 42 页，可谓是当时内容最丰富的有关世界知识和海防的百科全书。

3. 梁廷枏与《海国四说》

梁廷枏(1796—1861)，字章冉，号藤花亭主人，广东顺德人，历任广东海防书局纂修，越华、粤秀书院监院，学海堂学长等，鸦片战争时期，曾大力协助林则徐谋划禁烟、海防等事。平生勤于治学，著有《广东海防汇览》、《粤海关志》、《海国四说》等。

《海国四说》是最能代表性梁廷枏"筹海防夷"思想的作品，由《合省国说》、《兰仑偶说》、《粤道贡国说》和《耶稣教难入中国说》4 部著作构成,1844 年陆续写成,1846 年结集刊行。"合省国"即美利坚合众国,"兰仑"即英国首都伦敦,泛指英国。《合省国说》3 卷,是中国人编写的第一部系统的美国通志,对美国政治制度的介绍尤为详尽;《兰仑偶说》4 卷,由梁氏《英吉利国记》扩充而成,介绍了英国千余年的历史、风俗及各种制度,并述及中英贸易与鸦片问题;《粤道贡国说》6 卷,涉及暹罗、荷兰、西班牙、葡萄牙、法国、意大利、英国等国家与中国的贸易往来,及各"贡国"的历史、风情、民俗等,实为前近代中西贸易资料长编;《耶稣教难入中国说》则介绍了基督教的教义、教规、教史及其传入中国的历史,并探究了其不能取代儒学的原因。该书也是最早"睁眼看世界"的优秀域外史地研究著作之一。

4. 徐继畲与《瀛寰志略》

徐继畲(1795—1873),字健男,号松龛,山西代州五台县人。道光进士,鸦片战争前后,担任福建延津绍道、兼署汀漳龙道道台,后任广东巡按使、福建布政使、福建巡抚等职,亲自参与了厦门防御战和战后福建地区的通商事务。在与来华西方人的密切交往中,他开始细心收集、研究域外新知,撰写研究著作。1848 年,几经修改、增补,《瀛寰志略》终于问世。

《瀛寰志略》全书共分 10 卷,卷一先列地球两半球图,述地球概况,五大洲、五大洋情况,后为《皇清一统舆地图》与亚洲情况;卷二、卷三续述亚洲;卷四至卷七述欧洲;卷八述非洲;卷九、卷十述美洲。与同时代其他世界地理著述不同,《瀛寰志略》是一部真正意义上的学术专著,而非资料汇编。由于徐继畲在研究过程中直接获得了一些西方传教士与外交官的帮助,并尽心考证,力求准确,该书质量上乘。据美国学者龙夫威(Fred Drake)考证,与徐继畲有过密切往来的西方人,除了美国传教士雅裨理(David Abeel)之外,还有英国驻厦门领事记里布(Henry Gribble),美国传教士文惠廉(William Jones Boone)、坎明(William H. Cumming)、合文(James C. Hepburn),两任英国驻福州领事李太郭(George Tradescant Lay)、阿礼国(Rutherford Alcock),以及英国香港总督德庇时(John Davis)等人。

徐继畬在书中用了近一半的篇幅介绍欧洲和北美各国,每个欧洲国家的面积、人口、财税、陆海军规模都有具体的数字,对中国人很少了解的南美洲、大洋洲和非洲也都有记述。在叙述南洋、印度等有关史实时,他还详细介绍了这些国家和岛屿沦为西方殖民地的过程。此外,徐继畬还对欧美民主政治制度作了比较系统的介绍,并给予称赞。对西方列强,他并未采用朝野惯用的"夷"字,而是换以"泰西"之名。这在当时也算是对传统华夷观念的一种超越。鉴于其杰出的学术贡献,龙夫威称赞徐继畬是"东方的伽利略"。

三、近代条约口岸知识分子群体的崛起

除了林则徐等开明官绅,这一时期在通商口岸城市中还聚集了一群特殊的知识分子群体,对西方科技书籍的译介亦做出了重要的贡献。他们就是所谓的"条约口岸知识分子"(intellectuals in treayport cities)。这一概念由美国学者柯文(Paul A. Cohen)首创,系指生活在最早开埠的通商口岸、与西方文化发生密切接触且在中外文化关系的思考方面有所心得的中国士人。在近代中国意义深远的思想文化变革中,这些人也扮演了前驱者的角色。

鸦片战争后,开埠的上海逐渐成为西学输入中国的重镇之一。不少传教士与中国文人汇集于此,彼此合作,共同繁荣着中国近代文化、出版事业。如 1843 年英国传教士麦都

思（Walter Henry Medhurst）创办的墨海书馆（London Missionary Society Mission Press），不仅是近代中国境内第一家机械印刷所，而且还是一所中西人士共事的出版机构。该馆在 1843 年由麦都思将巴达维亚印刷所的设备迁至上海组建而成，早期主要印刷出版《圣经》及其他宗教书刊，自 19 世纪中叶起开始增加对西学书籍的编译出版。在墨海书馆工作过的西方传教士，主要有伟烈亚力（Alexander Wylie）、慕维廉（William Muirhead）、艾约瑟（Joseph Edkins）、美魏茶（William Charles Milne）、韦廉臣（Alexander Williamson）等等，中国人则有王韬（1828—1897）、李善兰（1811—1882）、张福僖（？—1862）、管嗣复（？—1860）等。而王韬、李善兰、张福僖、管嗣复等人，就是十分典型的条约口岸知识分子。

王韬，初名王利宾，字紫诠，号仲弢，江苏苏州人。1849年来到上海，进入墨海书馆工作，协助传教士进行翻译工作。起初主要帮助麦都思翻译《圣经》。由于王韬文学素养深厚，《圣经》翻译取得了很大的成功。此外，王韬也翻译了不少介绍西方科学技术的书籍，主要有《格致新学提纲》、《华英通商事略》、《重学浅说》、《光学图说》和《西国天学源流》等。王韬在编译西学书籍之余，还细心考究西学，编成了《西学原始考》、《西学图说》和《泰西著述考》等书，较为系统地介绍了西方的科学知识。同治年间，王韬游历西方诸国，逐渐成长为早期维新思想家。

李善兰，字壬叔，号秋纫，浙江海宁人，近代著名科学家，在数学、物理学、天文学、生物学等领域皆有成就。1852年，李善兰进入墨海书馆。因他在数学领域已有不少成就，所以受到伟烈亚力的器重。8 年间，他协助西方传教士翻译了《几何原本》（后九卷）、《几何原本圆锥曲线说》、《重学》、《谈天》、《代数学》、《代微积拾级》、《植物学》、《数理》等多部自然科学书籍。他所创造的一系列数学、物理学、天文学名词,如代数、未知数、函数、单项式、多项式、微积分、系数、常数、变数、分力、合力、植物学、细胞、光行差、月行差、视差等等,一直沿用至今。1869 年,李善兰出任京师同文馆算学总教习。

张福僖,字南坪,浙江归安人,近代著名天文学家,"精究小轮之理"。张福僖自幼酷爱天文历算,对明清之际传入中国的西学有所了解。1853 年,经好友李善兰的介绍进入墨海书馆工作。1853 年,张福僖与艾约瑟合作翻译了《光论》。《光论》是近代中国人翻译的第一部西方光学著作。此外,张福僖还著有《彗星考略》、《日月交食考》等书。

管嗣复,字小异,江苏南京人,桐城派大家管同之子,善诗文、通医学。1854 年巧遇艾约瑟,随其来到上海,进入墨海书馆工作,与医学传教士合信(Benjamin Hobson)交好。二人合作翻译了《西医略论》、《妇婴新说》、《内科新说》等医学书籍。管嗣复也成为上海第一个兼通中医和西医的人。

由于此时的中国尚缺乏精通西方语言与学术的翻译人才,而外国传教士的中文水平亦无法独立完成翻译工作,上述译著大多采取了"西译中述"的形式,即由传教士口译,中国助手加以转述和文字润色。尽管如此,传教士的中国助手们在译介过程中,有效地提高了自身的学养与见识,在接受西学的过程中也展现出了一定的主动性。而这些译著也为中国人了解西方提供了一定的条件,也为日后中国人探索变法图强之路奠定了基础。

四、迟来的回应与错失的机遇

鸦片战争后,尽管介绍世界地理与西方自然科学的书籍日渐增多,但这些书籍中所记述的新鲜事物并未得到时人的广泛关注与认可,也没有使中国社会产生显著的变化。《海国图志》与《瀛寰志略》两部书面世的命运即可见一斑。《海国图志》在付梓后的 20 年中,并未在全国各地广泛流传开来。大部分的知识分子和民众并不了解这部书。在有限的读者中,对这部书和"师夷长技"的主张也都没有重视,甚至反而予以否定。至于《瀛寰志略》,更是招致保守人士的攻击,徐继畬本人也因此书而被罢官。

直至第二次鸦片战争后,中国人对两部书的评价才有所好转。两书受到洋务派与维新派人士的共同追捧。1865 年,徐继畬被清朝政府重新委以重任。已是古稀老人的他,先后任职于总理衙门和京师同文馆。1867 年,《瀛寰志略》成为同文馆的教科书,70 年代以后更成为中国出使外国人员的必备书。1879 年,22 岁的康有为游览香港,幡然醒悟,引发重新阅读该书的兴趣。他在《康南海自编年谱》中写道:"览西人宫室之瓖丽,道路之整洁,巡捕之严密,乃始知西人治国有法度,不得以古旧之夷狄视之。乃复阅《海国图志》、《瀛寰志略》等书,购地球图,渐收西学之书,为讲西学之基矣。"而张之洞也在《劝学篇》中盛赞《海国图志》为"中国知西政之始"。由此可见,中国人对《海国图志》与《瀛寰志略》所传达知识与观念之理解与吸收,就耗费了数十年的时光。

《海国图志》与《瀛寰志略》等书也曾流传海外,包括近邻日本,可日本人对这两部书的回应比中国人快得多。19 世纪50 年代初,西方列强继中国之后,又以武力叩开了日本的国门,强迫日本政府签订了一系列不平等条约。就在此时,《海国图志》传入日本。日本维新志士如获至宝,大力翻译、注解、刊刻该书。仅 1854—1856 年间,《海国图志》翻刻版本就多达 22 种。该书成为幕末日本了解西方列强的必备文献,魏源的"师夷制夷"思想得到了不同程度的接纳,其对鸦片战争的总结与加强海防的建议,也被日本人批判性地加以吸收。此外，该书对日本幕末开国和维新思想的形成也起到了一定的推动作用。而《瀛寰志略》最迟于 1861 年在日本出版，此后历经翻刻，其版本和装帧质量皆优于中国版本。该书深受日本人的喜爱，对其维新改革也起到积极作用。正所谓"墙内开花墙外香"，《海国图志》与《瀛寰志略》在中日两国的不同命运，仿佛也昭示着未来中国与日本国势的不同走向。

　　至于那些近代条约口岸知识分子，他们此时也游走于传统与现代之间，在精神上饱受煎熬。一方面，他们生活与工作的环境有助于深切体验西方文化的精髓，养成忧患与改革意识。然而就民族情感而言，他们的内心也时常怀有一种耻辱感："卖身事夷"、"附腥慕膻"，不仅有伤民族自尊，还会背负沉重的舆论压力，被保守人士斥为"名教罪人"、"士林败类"。他们一方面要与洋人、西学与西教为伍，一方面又受到传统儒家思想的长期浸淫，对后者恋恋不舍。王韬在墨海书馆的工作经历，对他个人而言，绝非是一段美好的回忆。他之所以来到墨海书馆工作，纯粹是为生计所迫。尽管出色地完成了《圣经》的翻译工作，但他内心却根本不喜欢这种文字翻译、润饰工作。他甚至觉得文字润饰工作毫无价值，也没有任何乐趣，是对个人才能的严重浪费。他虽然接受了基督教洗礼，也参加教会的活动，对基督教学说却不以为然，也无法接受西方的某些观念和制度。

　　因此，这些条约口岸知识分子大多不会长期与洋人共事，如果有机会，便尽可能早地离开。王韬详细记下了他的同事们接连离开墨海书馆的情形：周双庚"与慕君佣书，仅月余即分手"；华蘅芳于 1857 年"适馆三月而去"；张福禧因"徐君青中丞开府吴中，征之至幕下"；管嗣复于 1859 年离开上海，"应怀什桥太守聘，往客山阴"。可见中国人与洋人共事是一件多么尴尬、无奈而痛苦的事。与西人有过深入了解与交往的口岸知识分子尚且如此，遑论那些守旧的官绅，以及恪守传统的普通民众。

　　总而言之，鸦片战争后，尽管形势突变，部分志士仁人已开始了变法图强的思想与行为，然而战争并没能使大多数中国人警醒，而这也造成了中国现代化事业的迟滞。正如著名历史学家、外交家蒋廷黻所说："鸦片战争的军事失败还不是民族致命伤。失败以后还不明了失败的理由力图改革，那才是民族的致命伤……道光、咸丰年间的人没有领受军事失败的教训，战后与战前完全一样，麻木不仁，妄自尊大。直到咸丰末年，英、法联军攻进了北京，然后有少数人觉悟了，知道非学西洋不可。所以我们说，中华民族丧失了二十年的宝贵光阴。"机遇稍纵即逝，一去不返。事后证明，中国注定要为这虚掷的 20 年光阴付出更多、更惨重的代价。在传统文化的束缚下，中国人的变法图强之路决不会一帆风顺，注定是步履维艰、任重而道远。

原典选读

梁廷枏《海国四说·兰仑偶说》卷三(节选)[①]

其会同议国事署曰巴里满。凡王新立,先集官民于署,议其可否。大事则王与官民同入署议。会议必三年为期,非录用大臣及刑杀职官,虽兵事亦必下署议准乃行。一切创例、置官及增减税饷、行用楮币,皆由本署转行甘文斯分布王处断,或谬误,例责奉行者,由署议所罚。职官则于岁终会覆,别其功过而黜陟之。其中专辖兵丁者曰甘弥底阿付撒布士一人,专司赋税者曰甘弥底阿付委士庵棉士一人。有事则甘文好司官与各部民咸集此会议焉。

......

西海诸国,咸以市易为正务。故国中多市地,大者为伦墩,即兰仑。利未埔里、胡里、新堡、牙尔木、牙腊士、裁力、亚比耳亭、伯利未木、可耳奇士、比林、比(北)利法诸处。近海设关五,征出入之税。凡货值千员以上者税五十员。无地丁钱米,俸饷皆资于税。与天朝贸易还,岁得税约千五百万员。因商而立法者四:曰银票,王时其出纳环转,不令失信。曰银馆,亦设于王,以寄存项而支发,亦取给焉。始于康熙三十二年,初止收一百万,后增本至万万五千万,各国商多存银其中者。出纳各有子息。约百金岁息八金。凡市集之地,各有私馆,殷富茕独,咸寄以赀,贫商则出子贷以谋生。曰挽银,票商将出贸迁,先以票邮至所抵之地,则居者如数应之,或与他商易货,可指定货所屯地给票,使自收焉。曰担保会,航海涉险者,自计舟货所值,月纳

---

①　梁廷枏:《海国四说》,中华书局,1993年,第136—141页。

银于会 百金约纳二钱。为公费,舟损则会偿之,货全失则半偿之。兰仑二十一会,本银自三万至八万。又居宅自议其值岁纳于会者,百之一,灾则会偿其半。或富者逆虑死后妻子无依,亦岁纳五十员,他日由会岁给千员,赡其妻孥,有生计则否。市舟所至,必有兵船护货。无论贸易、税课,其赀悉令载运。遇盗则商船先驶入港。以兵外拒之,非是,则会不偿所失。凡各属地关税留支经费外,岁但报销于国,而不解所馀。按:《小记》云:"凡货出洋回国,每年税二百五十余万,属国千二百余万,而孟塔拉居六百万,孟迈三百万。"又,《志略》云:"斯葛兰岁税银二千三百八十五万,爱伦二千二百万四百七十六员。"

徐继畬《瀛寰志略》卷九"北亚墨利加米利坚合众国"(节选)①

米利坚,米一作弥,即亚墨利加之转音,或作美利哥,一称亚墨理驾合众国,又称兼摄邦国,又称联邦国,西语名奈育士迭。亚墨利加大国也,因其船挂花旗,故粤东呼为花旗国。其旗方幅,红白相间,右角另一小方黑色,上以白点绘北斗形……每国正统领一,副统领佐之,副统领有一员者,有数员者。以四年为任满 亦有一年、二年一易者,集部众议之,众皆曰贤,则再留四年,八年之后,不准再留。否则推其副者为正,副或不协人望,则别行推择乡邑之长,各以所推书姓名投瓯中,毕则启瓯,视所推独多者立之,或官吏、或庶民,不拘资格。退位之统领依然与齐民齿,无所异也。各国正统领之中,又推一总统领专主会盟、战伐之事,各国皆听命,其推择之法与推择各国统领同,亦以四年为任满,再任则八年。自华盛顿至今 顿以嘉庆三年病卒 开国六十余年,总统领凡九人……

① 徐继畬:《瀛寰志略》,上海书店出版社,2001年,第273—291页。

按:华盛顿,异人也。起事勇于胜、广,割据雄于曹、刘,既已提三尺剑,开疆万里,乃不僭位号,不传子孙,而创为推举之法,几于天下为公,骎骎乎三代之遗意。其治国崇让善俗,不尚武功,亦迥与诸国异。余尝见其画像,气貌雄毅绝伦。呜呼!可不谓人杰矣哉。

米利坚全土,东距大西洋海,西距大洋海,合众国皆在东境。华盛顿初建国时止十余国,后附近诸国陆续归附,又有分析者,共成二十六国。西境未辟之地皆土番,凡辟新土,先以猎夫杀其熊、鹿、野牛,无业之民任其开垦荒地,生聚至四万人则建立城邑,称为一部,附于众国之后。今众国之外已益三部,总统领所居华盛顿都城不在诸国诸部数内,计国二十六、部三。其丁至道光二十年,计一千七百一十六万九千余。

......

米利坚各国天时和正,迤北似燕、晋,迤南似江、浙,水土平良,无沙碛,鲜瘴疠。南方微有瘴气,亦不甚毒。其土平衍膏腴,五谷皆宜,棉花最良亦最多,英、佛诸国咸取给焉。蔬菜、果实皆备,烟叶极佳,通行甚远。山内所出者,石炭、盐铁、白铅。境内小河甚多,米人处处疏凿,以通运道。又造火轮车,以石铺路,熔铁汁灌之,以利火轮车之行,一日可三百余里。火轮船尤多,往来江海如梭织,因地产石炭故也。火轮船必须燃石炭,木柴力弱不能用也。英吉利火轮石炭皆自苏格兰带来。

米利坚政最简易,榷税亦轻,户口十年一编。每二年于四万七千七百人之中,选才识出众者一人居于京城,参议国政。总统领所居京城,众国设有公会,各选贤士二人居于公会,参决大政,如会盟、战守、通商、税饷之类,以六年为秩满。每国设刑官六人主谳狱,亦以推选充补,有偏私不公者,群议废之。合众国税入约四千万圆,文职俸禄四百七十六万圆,陆路官兵俸饷四百三十万圆,水师官兵俸饷四百五十七万圆,杂费三百八十万圆,开垦土费一千三百万圆。统领虽总财赋,而额俸万圆之外不得私用分毫……

米利坚合众国白人皆流寓,欧罗巴各国之人皆有之,而英吉利、荷兰、佛郎西为多,三国之中英吉利又居大半,故语言文字与英同其制。土番各画地授田不准遣徙,贸迁工作皆白人,其人驯良温厚,无鸷悍之气,谋生最笃。商舶通行四海,众国皆奉西教,好讲学业,处处设书院。其士分三等,曰学问,研究天文、地理暨西教旨;曰医药,主治病;曰刑名,主讼狱。

按:南、北亚墨利加衺延数万里,精华在米利坚一土,天时之正、土脉之腴,几与中国无异。英吉利航海万里,跨而有之,可谓探骊得珠。生聚二百余年,骎骎乎富溢四海,乃以掊克之故,一决不可复收。长国家而务财用,即荒裔其有幸乎。米利坚合众国以为国,幅员万里,不设王侯之号,不循世及之规,公器付之公论,创古今未有之局,一何奇也,泰西古今人物能不以华盛顿为称首哉。

魏源《海国图志·原叙》(节选)[①]

《海国图志》六十卷何所据?一据前两广总督林尚书所译西夷之《四洲志》,再据历代史志及明以来岛志,及近日夷图、夷语,钩稽贯串,创榛辟莽,前驱先路。大都东南洋、西南洋增于原书者十之八,大、小西洋、北洋、外大西洋增于原书者十之六。又图以经之,表以纬之,博参群议以发挥之。

何以异于昔人海图之书?曰:彼皆以中土人谭西洋,此则以西洋人谭西洋也。

是书何以作?曰:为以夷攻夷而作,为以夷款夷而作,为师

---

① 魏源:《海国图志》(上),岳麓书社,1998年,第1—2页。

夷长技以制夷而作。

《易》曰:"爱恶相攻而吉凶生,远近相取而悔吝生,情伪相感而利害生。"故同一御敌,而知其形与不知其形,利害相百焉;同一款敌,而知其情与不知其情,利害相百焉。古之驭外夷者,诹以敌形,形同几席;诹以敌情,情同寝馈。

然则执此书即可驭外夷乎?曰:唯唯,否否!此兵机也,非兵本也;有形之兵也,非无形之兵也。明臣有言:"欲平海上之倭患,先平人心之积患。"人心之积患如之何?非水,非火,非刃,非金,非沿海之奸民,非吸烟贩烟之莠民。故君子读《云汉》《车攻》,先于《常武》《江汉》,而知《二雅》诗人之所发愤;玩卦爻内外消息,而知大《易》作者之忧患。愤与忧,天道所以倾否而之泰也,人心所以违寐而之觉也,人才所以革虚而之实也。

昔准噶尔跳踉于康熙、雍正之两朝,而电扫于乾隆之中叶。夷烟流毒,罪万准夷。吾皇仁勤,上符列祖。天时人事,倚伏相乘。何患攘剔之无期,何患奋武之无会?此凡有血气者所宜愤悱,凡有耳目心知者所宜讲画也。去伪、去饰、去畏难、去养痈、去营窟,则人心之寐患祛,其一;以实事程实功,以实功程实事,艾三年而畜之,网临渊而结之,毋冯河,毋画饼,则人材之虚患祛,其二。寐患去而天日昌,虚患去而风雷行。《传》曰:孰荒于门,孰治于田;四海既均,越裳是臣。叙《海国图志》。

人间"天堂"：太平天国的艰难寻觅

　　鸦片战争结束后，随着社会矛盾的激化，洪秀全等人改造西方基督教思想，创立上帝教，广收信徒，以挽救时局。1851 年，声势浩大的太平天国革命爆发，洪秀全率领上帝教教众揭竿而起，旨在推翻清朝政府，建立"人间天国"。这不仅是中国文化的奇葩，而且是中国民众寻找人间天堂的艰难跋涉。

洪秀全：以西方宗教改变中国

一、洪秀全与上帝教

洪秀全(1814—1864)，广东花县客家人，出身普通农民家庭，7 岁入塾学习，18 岁时被聘为本村塾师。洪秀全曾先后 4 次参加科举考试，屡试不第，备受打击。其中，1837 年第三次考试落第后，他的身心受到极大刺激，大病 40 多天，时常神志昏迷，口说吃语。1843 年，他再次到广州参加考试，依然未成。洪秀全这时才醒悟到科举制度的腐败，决定探索新的人生道路。

早在他 1836 年第二次到广州考试时，即偶然在街上遇到两个基督教徒向路人宣道赠书，遂得到华人传道人梁发撰写的布道小册《劝世良言》。起初洪秀全尚迷恋仕途，并未给予足够的重视,不过对其中的内容也有了初步的印象。次年,他在病中出现的梦幻即由此引起,足以证明这一点。1843 年最后一次考试失败后,他身心俱疲,仔细阅读这部《劝世良言》,顿时觉得耳目一新,转而沉迷其中,并接受了书中所阐述的基督教义。从此洪秀全彻底抛弃谋取功名的人生道路,转而虔诚地祈祷上帝。他附会其中的词句,创立"上帝教",自称上帝次子,自行洗礼。

洪秀全劝人敬拜上帝,不拜祖先和邪神,不行恶事。创立上帝教后,他便将塾馆中的孔子牌位,以及家中所供奉的灶君等神仙一概除去。其族弟洪仁玕和表兄弟冯云山也接受了他的说教。洪秀全的传教活动与中国传统信仰习俗发生了冲突,遭到族人的反对和斥责,洪秀全、冯云山为此失去了塾师的职位。1844 年,洪秀全、冯云山根据《圣经》中关于"先知在故乡本家没有得人敬重"的启示,决定"遨游天下,宣传真道"。此后,冯云山到广西桂平紫荆山区传教,洪秀全则返回花县,先后撰写了《原道救世歌》、《原道醒世训》、《原道觉世训》等重要文献,号召人们独拜真神皇上帝,击灭以阎罗妖为代表的邪恶势力——亦即号召人民用暴力的手段和方式推翻清朝统治,建立没有邪恶、没有强权的平等社会。由于洪秀全受儒家思想的影响较深,对基督教的了解有限,因而在这些作品中,儒家思想和基督教教义被混为一体,冶为一炉。其中不少地方是借用儒家的思想主张,附会基督教的某些戒律和词句,劝人去恶从善,揭露社会现实的黑暗,表达人们对社会的强烈不满和对光明未来的渴望。经过洪秀全的改造,上帝教逐渐成为了一种新的宗教形态。与基督教相比,其教义被赋予鲜明的现实政治斗争色彩,认定正邪对立、斩邪留正,创建人间天堂。

1847 年春,洪秀全前往广州,跟随美国传教士罗孝全(Issachar Jacob Roberts)学习基督教义。罗孝全认为洪秀全的思想不纯,拒绝为他实施洗礼。洪秀全随后前往广西与冯云山汇合。在冯云山多年的努力下,紫荆山区教务大兴,信徒不断增加。至1947年上半年,该地区的信徒已经发展到2000余人。为了巩固、发展上帝教,洪秀全、冯云山还模仿《圣经》中的"摩西十诫"制定了"十条天款",内容包括:崇拜皇上帝,不拜邪神,不好妄题皇上帝之名,七日礼拜颂赞皇上帝恩德,孝顺父母,不好杀人害人,不好奸邪淫乱,不好偷窃抢劫,不好讲谎话,不好起贪心。除此之外,他们还确立了各种条规和宗教仪式,并派人赴汉、壮、瑶等族居住地进行宣传,扩建组织,带领教众扫除偶像、捣毁神庙。

在洪秀全等人的推动下,上帝教迅速发展壮大,形成以紫荆山为总会,周边各地有分会的组织架构,内部系统日益完备。其成员包括农民、矿工、手工业者、挑夫、小商贩以及无业游民等。值得一提的是,无论是洪秀全,还是上帝教早期的成员,大多是客家人。洪秀全、冯云山的布道工作之所以能在广西的客家人中获得成功,与客家人的宗教信仰背景有很大的关系。在土客杂居地区,对宗庙和地方神的崇拜是土著人借以维系血亲和地域观念的重要手段,而客家人在对地方神的崇拜上往往处于被排斥的地位,因此对当地原有宗教习俗普遍缺少认同。现实生活中的困扰,使客家人更易于接受一种新的信仰。洪秀全将民间俗神及其偶像斥为"妖魔",是赢得客家人信仰上帝的重要原因之一。当然,洪秀全并不排斥土人,而是超越宗族和地域的界限,强调世人同为上帝的子女,彼此都是兄弟姐妹。这种思想使得上帝教能够最大限度地发展自己的信徒,把在械斗中受害最深的土客农民一同聚集在上帝的旗帜之下。

随着上帝教的影响力逐渐扩大,其与地主团练的冲突也愈发频繁激烈。1848年1月,团练首领王作新将冯云山等人逮捕,关进桂平县狱。洪秀全返回广东设法营救。上帝教众一时群龙无首,杨秀清和萧朝贵挺身而出,先后假托天父皇上帝和天兄耶稣下凡附身,发布号令,宣传"真道",安定人心。冯云山被救出后,继续扩大教众、加强组织。上帝教形成了由洪秀全、冯云山、杨秀清、萧朝贵等人组成的领导核心。在种种社会矛盾的交互作用下,洪秀全最终走上了反清革命的道路,上帝教也从一个单纯的宗教团体转变为酝酿起义的政治组织。

二、太平天国的初创

1850 年夏,洪秀全召集各地上帝教信徒,到广西桂平金田村集合,准备起义。翌年 1 月,洪秀全率众在金田村宣布起义,号"太平天国元年"。太平军将士蓄发易服,头包红巾,表明同清朝政府誓不两立。3 月,洪秀全登基称天王。9 月,太平军攻克永安城,封王建制、整顿军纪、补充粮草弹药,进行了一系列军政建设,是为"永安建制"。1851 年 12 月,洪秀全封杨秀清为东王,萧朝贵为西王,冯云山为南王,韦昌辉为北王,石达开为翼王,西王以下各王"俱受东王节制";颁行"天历",否定清朝纪年;整顿军纪,刊刻颁行太平天国官方文书,进行思想教育。此后,太平军转战两湖。1853 年,太平军自武汉直趋南京。攻克南京后,太平军改南京为天京,定为都城,建立政权。太平军占领南京后,为夺取全国的胜利,随即开展了北伐和西征。

为抵抗太平军的攻势,咸丰帝于 1853 年初下令各省在籍官绅举办团练。于是,曾国藩和湘军崛起。湘军分水军和陆军,以营为单位,士兵由营官自行招募,各营互不统属,只服从曾国藩一人指挥。湘军中既有军队等级森严、制约性极强的上下级关系,又有着同乡、师生、戚友、家族和恩主交叉重叠的私人关系网。湘军编练完成后,即与太平军鏖战。几番交手,太平军暂获胜利。至 1855 年,太平军在军事上达到鼎盛。

与传统时代的农民运动不同,太平天国的显著特点之一,即是提出了一套较为完备的纲领。基于"天下多男人,尽是兄弟之辈,天下多女子,尽是姊妹之群,何得存此疆彼界之私,何可起尔吞我并之念"等认知,1853年冬,太平天国颁布了《天朝田亩制度》,规定了各项制度。该纲领以解决土地问题为中心,对政治、经济、军事、社会生活和文化教育等实行全面改革。它的基本精神是取消地主土地所有制,重新分配土地,以实现"有田同耕,有饭同食,有衣同穿,有钱同使,无处不均匀,无人不饱暖"的绝对平均的"大同"理想。

《天朝田亩制度》具体规定了平分土地的办法和原则,实行国库即"圣库"制度。在经济方面,对生产活动的具体内容和方式做了详细的规定。在政治方面,规定了官员的保举、考核和升贬奖罚制度。在社会组织管理方面,规定了基层政权的军、师、旅、卒、两司马各级官员,均由本乡人选举、本乡人担任的办法产生,称为乡官制。在礼仪风习方面,对宗教、婚姻制度等都做了具体的规定;提倡移风易俗,禁止妇女缠足,禁止买卖婚姻,严禁鸦片等等。

洪仁玕：用西方制度文化改变中国

一、洪仁玕辅政

定都天京、西征胜利，使得太平天国的领袖们产生了骄傲自满心理。而天京的繁华又滋长了他们贪图享乐、追逐权力的思想。1856年7、8月间，杨秀清以"天父下凡"的名义，逼迫天王允准他取得"万岁"的称呼。洪秀全密召在外指挥军事的韦昌辉和石达开迅速赶回天京诛杀杨秀清。11月，洪秀全又捕杀韦昌辉及其同伙。历经天京事变，石达开负气出走，太平天国元气大损，信仰危机严重，一些反映太平天国将士理想破灭的民谣不胫而走。比如："天父杀天兄，江山打不通。长毛非正主，依旧让咸丰。"又如："天父杀天兄，江山打不通。打起包裹回家转，依旧做长工。"清朝政府趁机军事反扑，太平天国形势危急。1857年，洪秀全提拔青年将领陈玉成、李秀成主持军事。1859年4月，洪秀全族弟洪仁玕从香港辗转来到天京。洪秀全封洪仁玕为干王，总理朝政，封陈玉成为英王、李秀成为忠王，组成新的领导核心。

二、学习西方：《资政新篇》的出台

洪仁玕总理朝政后，向洪秀全提出一个希望政令统一、国家富强的改革计划——《资政新篇》。他在《资政新篇》里系统地阐明了整饬政治、加强中央集权、学习西方、发展资本主义的具体内容和方法，即"治国必先立政，而为政必有资取"。它所"资取"的主旨是"因时制宜，审势而行"地学习西方，就是根据本国的国情,不失时机地学习西方先进事物与制度,而这也是太平天国不同于旧式农民革命的重要方面。

《资政新篇》共分4个部分,即"用人察失类"、"风风类"、"法法类"、"刑刑类",其中"法法类"较为系统地提出了他的新政纲领。洪仁玕提出要自上而下地革除陈规陋习,改变社会风气,使太平天国成为一个重视科技发展的现代基督教国家。他提出了"三宝"说:"中地素以骄奢之习为宝,或诗画美艳,金玉精奇,非一无可取,第是宝之下者也。夫所谓上宝者,以天父上帝、天兄基督、圣神爷之风,三位一体为宝。一敬信间,声色不形,肃然有律,诚以此能格其邪心,宝其灵魂,化其愚蒙,宝其才德也。中宝者,以有用之物为宝,如火船、火车、钟镖、电火表、寒暑表、风雨表、日晷表、千里镜、量天尺、连环枪、天球、地球等物,皆有探造化之巧,足以广闻见之精,此正正堂堂之技,非妇儿掩饰之文,永古可行者也。"所谓"上宝"即基督教信仰,"中宝"则是科学技术,而中国的传统文化只能是"下宝"。这是对传统观念的一次颠覆。

在政治方面,《资政新篇》提出要加强中央集权,"自大至小,由上而下,权归于一",主张把西方某些民主精神灌注于太平天国的君主制度之中。其中包括:提倡创办报纸,设立不受一般官吏节制的新闻官和意见箱,使"民心会议","由众下而达于上位","上下情通";指出"禁朋党之弊";注意立法、纲常伦纪、教养大典,宜立法以为准。在经济方面,主张效法西方资本主义,发展近代交通运输业,仿制火车、轮船,兴办邮政;鼓励民间开矿;主张创立银行、发行纸币,使"大利于商贾士民";奖励发明创造,实行"专利";明确提出保护私有财产。在文化、教育、社会福利等方面,奖励人民开办"学馆"、"新闻馆";主张组织士民公会和慈善团体,设立医院、盲聋哑院、鳏寡孤独院和育婴室等;禁溺子女、禁鸦片、禁庙宇寺观;提倡建立不诛连家人的严明刑律,"罪人不孥",允许改过自新,"法外辅之以法而入之以德,刑外化之以德而省于刑","善待轻犯"。在外交方面,主张同资本主义国家自由通商,进行文化交流和平等往来,鼓励外国人在华投资,但外国人不得干涉太平天国的内政和国法。另外,在外交关系中禁止使用"鬼子"、"夷"等污蔑性字眼。

《资政新篇》是一个包括政治、经济、文化等多方面内容的具有鲜明现代倾向的改革方案,是中国近代史上第一个比较系统地向西方学习的纲领,是洪仁玕为了挽救天国危亡、推行新政的一次大胆尝试。与《天朝田亩制度》相比,《资政新篇》的重点在于建立和发展资本主义生产力和生产关系,而不在于建立绝对平均主义的理想王国;《资政新篇》冲破了小生产者的狭隘眼界,主张保护私有财产,建立以现代工业为中心的经济体系,用资本主义代替平均主义,而不满足于封闭保守的小农经济政策。

太平天国变法图强之路解析

　　洪秀全等人创立的上帝教，借鉴了西方基督教精神，融合中国传统信仰，是一种中西杂糅的新型教派。它在宗教经典、仪式、节日、教义等方面都和基督教有着显著的区别。与信奉多神的白莲教、天地会等民间秘密反清组织相比，上帝教是信奉独一真神的一神教，在维系人心、强化教众组织纪律性方面有更大的功效。此外，洪秀全等人对上帝的形象也进行了中国式的改造。上帝不仅有家人，还常常下凡对信徒表示关怀，多方指导，许诺在人间建立"小天堂"。这一切都迎合了中国人重视现世人生、务求实用的心理。正是在上帝信仰的鼓舞下，太平军将士奋勇杀敌、视死如归。

　　然而，当上帝教在太平天国居于支配地位之后，其教理、教义中存在的某些不足也暴露无遗。如洪秀全自称上帝次子，拥有至高无上的权力，然而，他的权力却又受到传言代天父下凡的杨秀清的挑战。洪秀全、杨秀清之间的权力之争难以避免。随着时间的推移，上帝教活力渐渐消失，信仰危机日益严重。正如洪仁玕所说，"天朝初以天父真道蓄万心如一心，故众弟兄只知有天父兄，不怕有妖魔鬼"，而"今因人心冷淡，故锐气减半"。上帝教既无法克服自身缺陷以求自新，也不能起到精神支柱的作用，更无力解决太平天国所面临的一系列现实问题。19 世纪 60 年代初，英、法等国基于现实利益的考虑，开始放弃"中立"，公开支持清朝政府镇压太平天国。太平军接连失利，天京遭到重兵围困。此时的洪秀全却已陷入严重的宗教迷醉之中，不理政事。他拒不接受李秀成"让城别走"的建议，甚至说道："朕奉上帝圣旨、天兄耶稣圣旨，下凡作天下万国独一真主，何惧之有……朕铁桶江山……朕的天兵多过于水，何惧曾妖者乎！"1864 年 6 月，洪秀全逝世。7 月，天京陷落，太平天国政权即告覆灭。

理想与现实之间的巨大鸿沟，让太平天国制度革新的成效非常有限，甚至饱受争议。《天朝田亩制度》关于平均分土地的方案没有实际推行，太平天国只能是照旧交粮纳税。所谓"照旧"，是指仿照清朝旧制，维持地主收租的权利，承认旧有土地所有制和租佃关系的合法性。即便如此，太平天国的民众仍未过上安稳的生活。1861 年 3 月，曾访问过天京的英国人宓吉（Alexander Michie）写道："没有哪个正派的中国人会与叛乱运动发生瓜葛。他们一味烧杀掳掠，除此之外，他们几乎没有任何别的事情可做……他们占据了南京八年之久，而这里却毫无重建的迹象。商业和工业遭到禁绝。他们收的田赋比清廷高出三倍；他们不采取任何安抚民众的措施……他们不关心如何确保细水长流的财政收入。"至于《资政新篇》，尽管洪秀全本人对洪仁玕所提出的大部分建议都表示赞同，在许多条款上亲自批示"此策是也"，予以肯定，但是《资政新篇》终究没有实行。这一纲领与其说是太平天国的产物，毋宁说是洪仁玕个人思想觉悟提升之后的结晶。通过在香港持续多年的学习与生活，洪仁玕成为能够准确地预见世界发展大势的中国人。然而他发展资本主义及其制度建设的这些提议，超越了当时大多数人的理解和可接受的范围。加上太平天国后期日益惨烈的战争环境，最终使得这一纲领失去了妥善施行的社会条件，变成了一纸空文。

在文化教育政策方面，太平天国也出现了不少失误。作为一个政教合一的政权，宗教对太平天国文化教育政策的影响可谓无处不在。尽管上帝教受到了中国传统文化的浸润，然而一神信仰的排他性,使得太平天国对儒学和"迷信"的态度十分激进。太平天国对孔孟儒学进行了猛烈的抨击,所到之处毁学宫、拆孔庙、砸偶像、查禁孔孟"妖书"。自金田起义以来,太平军所过之处"庙宇祠观,无论土木形骸,金碧神像,悉遭残剥"。定都天京后,不仅"学宫正殿两庑木主亦俱毁弃殆尽,任意作践,或堆军火,或为马厩,江宁学宫则改为宰夫衙,以璧水圜桥之地为锥牛屠狗之场",还曾大规模搜书、烧书,"搜得藏书论担挑,行过厕溷随手抛,抛之不及以火烧,烧之不及以水浇",并明确规定,"凡一切妖书如有敢念诵教习者,一概皆斩"。1855年再次重申:"凡一切孔孟诸子百家妖书邪说者尽行焚除,皆不准买卖藏读也,否则问罪也。"在天京,还专门设立了"删书衙",根据上帝教的教义和原则删改儒家的典籍,特别是对"吉礼"、"鬼神丧祭"之类的内容,统统删除。"始以四书五经为妖书,后经删改准阅。惟《周易》不用,他书涉鬼神丧祭者削去,《中庸》鬼神为德章,《书》金縢,《礼》丧服诸篇,《左传》石言神降俱删。《孟子》则可以祀上帝,上帝上加皇字,《诗》荡荡上帝,上帝板板皆加皇字,《论语》夫子改孔某,子曰改孔某曰"。这些删改传统典籍的行为和措施,虽然是为了维护上帝教的教义、教规,但是焚毁和删改等简单粗暴手段,非但不能批判地继承中国传统文化遗产,更不能达到去其糟粕,取其精华的目的;用宗教教义和戒律删除或毁灭古代文化典籍,也不可能构建科学的现代文化。反对太平天国的士人们将其行为与秦始皇的"焚书坑儒"相提并论:"秦灰之暴,清流之祸,乃复见于斯时。"

除了拒斥古人古书、毁灭偶像寺院,太平天国还严禁民众祭祖及庆祝农历传统节日等等。这些行为不仅招致了传统士人的愤恨,被指斥为"灭古荒今,背弃伦常",而且动摇了统治根基,引起普通民众的不满。太平天国的宗教处境十分尴尬,传统士人视其为叛逆,而西方传教士也多视其为异端。显然,他们的宗教理念既背离了中国人,也背弃了西洋人。

　　为广泛招揽人才,太平天国也曾效法传统,举办科举考试,不过考试题目并不取自四书五经等儒家经典,而是以《圣经》、基督教论著和太平天国诏书为主要内容。太平科试对男女一体开放。最初在洪秀全及幼天王的寿辰日开考,后将太平天历的 3 月 5 日、13 日设为考文、武秀才的日期;5 月 5 日、15 日设为考文、武举人的日期。考生来自社会各界,考试标准也不甚严格。据说湖北省的一次科试,1000 名考生中竟有 800 人中榜,虽然此举能够博得不少人的欢心,却也和借此选拔人才的初衷相去甚远。这样的科举考试,显然难以获得士人的支持。此外,太平天国领袖在使用人才方面也有着不小的失误。进入太平军阵营的文人,大多用于文案,而不能参与军政事务。"贼掳我官吏绅衿读书有心计人,或挫折以死,或分为各馆充当书手,号曰先后,所办无非写奏章、诰谕、封条、出告示、造家册、兵册等事,一切军令盖不与闻,盖防有用之才之算己也。"及至太平天国后期,其人才的匮乏、官员的腐化已经非常严重,不惟传统士人向无好感,就连接受过新式教育、对太平天国抱有些许同情的新式知识分子也大失所望。1860 年 11 月,容闳与两位传教士一起来到天京考察太平天国,对太平军的感受是:"其所招抚,皆无业游民,为社会中最无知识之人。以此加入太平军,非独不能增加实力,且足为太平军之重累,而使其兵力转弱。盖此等无赖之尤,既无军人纪律,复无宗教信仰,即使齐之以刑,不足禁其抢掠杀人之过恶……锐气既挫,迨占据扬州、苏州、杭州等城,财产富而多美色,而太平军之道德乃每下而愈况。"

　　尽管太平天国采取了不少反传统的举措,然而太平天国的领袖们也很难完全消除传统文化的影响。在洪秀全的作品和其他宣传品中,都保留了不少的儒学教条。反孔却又无法彻底摆脱儒学的影响，太平天国领袖在统治策略上最终不得不复归传统。一方面，他们积极向民众宣扬天下一家、人皆兄弟的平等理念，一方面却又制定了十分严格的上下尊卑等级制度。在洪秀全写给民众看的《天父诗》《幼学诗》等文献中，充斥着大量宣扬君权神授、三纲五常等传统伦理道德的内容："众小尔们要一心扶主，不得大胆。我差尔主下凡作天王，他出一言是旨是天命。尔们要遵，一个不顾王顾主都难"；"天朝严肃地，咫尺凛天威，生杀由天子，诸官莫得违"；"只有媳错无爷错，只有婶错无哥错。只有人错无天错，只有臣错无主错"。严格的等级观念，往往转化为严苛的法律条文。太平天国曾规定："凡东王、北王、翼王及各王驾出，侯、丞相轿出，凡朝内军中大小官员兵士如不回避，冒冲仪仗者，斩首不留。凡东王驾出，如各官兵士回避不及，当跪于道旁，如敢对面行走者斩首不留。凡检点指挥各官轿出，卑小之官兵士，亦照路遇列王规矩，如不回避或不跪道旁者斩首不留。"由此看来，太平天国在许多领域并没有比清朝政府好到哪里去，甚至更加糟糕。

除此之外，太平天国的妇女政策也值得品味。太平天国主张男女平等，禁止纳妾蓄婢、娼妓、缠足等陈规陋习，实行一夫一妻制，给予妇女在经济、政治、教育、军事等方面的平等地位。如《天朝田亩制度》规定妇女可以同男子一样获得土地，接受教育，参加科举考试；可以在女营和军中担任两司马到军帅，甚至女丞相、检点、指挥等要职。在天京主管妇女制刺金彩冠服生产的行政人员中，也有相当于监军、总制、将军、指挥之职的女官。但是，太平天国在要求男女平等的同时，又维护和制造了新的不平等。如在提倡一夫一妻制的同时，诸王沿袭了封建帝王的妃嫔制。此外，它还公开宣扬和维护男尊女卑思想。如洪秀全撰写的《天父诗》中对宫中妇女的规定是："服事不虔诚一该打，硬颈不听教二该打，起眼看丈夫三该打，问王不虔诚四该打,躁气不纯静五该打,讲话极大声六该打,有喙不应声七该打,面情不欢喜八该打,眼左望右望九该打,讲话不悠然十该打。"太平天国妇女政策与具体实践间的矛盾、冲突,正是农民局限性的一种反映。所以说,太平天国无法摆脱与旧式农民起义相同的宿命:革命者为平等而战斗,却也在战斗的过程中制造了更多、更为严重的不平等。

太平天国失败了,江南地区的社会经济与文化遗产也因这失败遭受了空前沉重的打击。太平天国领袖所构筑的人间"天国",与其标榜的革命理念相去甚远,不可能得到世人普遍的支持与认可。然而,太平天国的反清事业也确实激励了后来者,为实现自己的政治理想而奋斗。民主革命的先驱孙中山,少年时代即对洪秀全的反清志向大为叹服,以"洪秀全第二"自居。太平天国部分未竟的事业,终于在未来以全新的方式得以继承和发展。

原典选读

《原道醒世训》(节选)①

从来福大则量大，量大则为大人；福小则量小，量小则为小人。是以泰山不辞土壤，故能成其高；河海不择细流，故能就其深；王者不却众庶，故能成其德。凡此皆量为之也。

无如时至今日，亦难言矣。世道乖漓，人心浇薄，所爱所憎，一出于私。故以此国而憎彼国，以彼国而憎此国者有之；甚至同国以此省此府此县而憎彼省彼府彼县，以彼省彼府彼县而憎此省此府此县者有之；更甚至同省府县，以此乡此里此姓而憎彼乡彼里彼姓，以彼乡彼里彼姓而憎此乡此里此姓者有之。世道人心至此，安得不相陵相夺相斗相杀而沦胥以亡乎！无他，其见小，故其量小也……天下爱憎如此，何其见未大而量之不广也。

遐想唐、虞三代之世，天下有无相恤，患难相救，门不闭户，道不拾遗，男女别涂，举选尚德。尧舜病博施，何分此土彼土；禹稷忧溺饥，何分此民彼民；汤武伐暴除残，何分此国彼国；孔孟殆车烦马，何分此邦彼邦。盖实见夫天下凡间，分言之，则有万国，统言之，则实一家。皇上帝天下凡间大共之父也，近而中国是皇上帝主宰化理，远而番国亦然；远而番国是皇上帝生养保佑，近而中国亦然。天下多男人，尽是兄弟之辈，天下多女子，尽是姊妹之群，何得存此疆彼界之私，何可起尔吞我并之念。是故孔丘曰："大道之行也，天下为公，选贤与能，讲信修睦。故人不独亲其亲，不独子其子，使老有所终，壮有所用，幼

---

① 《太平天国印书》(上)，江苏人民出版社，1979年，第14—16页。

有所长，鳏寡孤独废疾者皆有所养。男有分，女有归。货恶其弃于地也，不必藏于己；力恶其不出于身也，不必为己。是故奸邪谋闭而不兴，盗窃乱贼而不作，故外户而不闭，是谓大同。"

而今尚可望哉！然而乱极则治，暗极则光，天之道也。于今夜退而日升矣。惟愿天下凡间我们兄弟姊妹，跳出邪魔之鬼门，循行上帝之真道，时凛天威，力遵天诫，相与淑身淑世，相与正己正人，相与作中流之砥柱，相与挽已倒之狂澜。行见天下一家，共享太平。

《天朝田亩制度》(节选)[①]

凡田分九等：其田一亩，早晚二季可出一千二百斤者为上上田；可出一千一百斤者为上中田；可出一千斤者为上下田；可出九百斤者为中上田；可出八百斤者为中中田；可出七百斤者为中下田；可出六百斤者为下上田；可出五百斤者为下中田；可出四百斤者为下下田。上上田一亩当上中田一亩一分，当上下田一亩二分，当中上田一亩三分五厘，当中中田一亩五分，当中下田一亩七分五厘，当下上田二亩，当下中田二亩四分，当下下田三亩。

凡分田照人口，不论男妇。算其家口多寡，人多则分多，人寡则分寡，杂以九等，如一家六人，分三人好田，分三人丑田，好丑各一半。凡天下田，天下人同耕，此处不足则迁彼处，彼处不足则迁此处。凡天下田，丰荒相通，此处荒，则移彼丰处以赈此荒处，彼处荒，则移此丰处以赈彼荒处，务使天下共享天父上主皇上帝大福，有田同耕，有饭同食，有衣同穿，有钱同使，无处不均匀，无人不饱暖也。

---

① 《太平天国印书》(上)，第 409—411 页。

凡男妇每一人自十六岁以上，受田多逾十五岁以下一半，如十六岁以上分上上田一亩，则十五岁以下减其半，分上上田五分，又如十六岁以上分下下田三亩，则十五岁以下减其半，分下下田一亩五分。凡天下树墙下以桑，凡妇蚕绩缝衣裳。凡天下每家五母鸡，二母彘，无失其时。凡当收成时，两司马督伍长，除足其二十五家每人所食可接新谷外，余则归国库。凡麦豆苎麻布帛鸡犬各物及银钱亦然。盖天下皆是天父上主皇上帝一大家，天下人人不受私，物物归上主，则主有所运用，天下大家处处平匀，人人保暖矣。此乃天父上主皇上帝特命太平真主救世旨意也。

但两司马存其钱谷数于簿，上其数于典钱谷及典出入。凡二十五家中设国库一，礼拜堂一，两司马居之。凡二十五家中所有婚娶弥月喜事俱用国库，但有限式，不得多用一钱。如一家有婚娶弥月事给钱一千，谷一百斤，通天下皆一式，总要用之有节，以备兵荒。凡天下婚姻不论财。凡二十五家中陶冶木石等匠，俱用伍长及伍卒为之。农隙治事。凡两司马办其二十五家婚娶吉喜等事，总是祭告天父上主皇上帝，一切旧时歪例尽除。其二十五家中童子俱日至礼拜堂，两司马教读旧遗诏圣书、新遗诏圣书及真命诏旨书焉。凡礼拜日，伍长各率男妇至礼拜堂，分别男行女行，讲听道理，颂赞祭奠天父上主皇上帝焉。

凡二十五家中力农者有赏，惰农者有罚。或各家有争讼，两造赴两司马，两司马听其曲直；不息，则两司马挈两造赴卒长，卒长听其曲直；不息，则卒长上其事于旅帅、师帅、典执法及军帅；军帅会同典执法判断之。既成狱辞，军帅又必上其事于监军，监军次详总制、将军、侍卫、指挥、检点及丞相，丞相禀军师，军师奏天王。天王降旨，命军师、丞相、检点及典执法等详核其事无出入，然后军师、丞相、检点及典执法等直启天王主断。天王乃降旨主断,或生或死,或予或夺,军师遵旨处决。

凡天下官民,总遵守十款天条及遵命令尽忠报国者则为忠,由卑升至高,世其官;官或违犯十款天条及逆命令受贿弄弊者则为奸,由高贬至卑,黜为农。民能遵条命及力农者则为贤为良,或举或赏;民或违条命及惰农者则为恶为顽,或诛或罚。

《资政新篇·法法类》(节选)①

一、要自大至小,由上而下权归于一,内外适均而敷于众也。又由众下而达于上位,则上下情通,中无壅塞弄弊者,莫善于准卖新闻篇或暗柜也。法式见下。(洪秀全批注:钦定此策,杀绝妖魔行未迟)

一、兴车马之利,以利便轻捷为妙。倘有能造如外邦火轮车,一日夜能行七八千里者,准自专其利,限满准他人仿做。若彼愿公于世,亦禀准遵行,免生别弊。先于二十一省通二十一条大路,以为全国之脉络,通则国家无病焉。通省者阔三丈,通郡者阔二丈五尺,通县及市镇者阔二丈,通大乡村者阔丈余。差役时领犯人修葺崩破之处。二十里立一书信馆,愿为者请饷而设,以为四方耳目之便,不致上下梗塞,君民不通也。信资计文书轻重,每二十里该钱若干而收。其书要在某处交递者,车上车下各先束成一捆,至即互相交讫,不能停车俄顷。因用火用气用风之力大猛也,虽三四千里之遥,亦可朝发夕至,纵有小寇窃发,岂能漏网乎!(洪秀全批注:此策是也)

一、兴舟楫之利,以坚固轻便捷巧为妙。或用火用气用力用风,任乎智者自创。首创至巧者,赏以自专其利,限满准他人

---

① 《太平天国印书》(下),第686—691页。

仿做，若愿公于世，亦禀明发行。兹有火船气船，一日夜能行二千余里者，大商则搭客运货，国家则战守缉捕，皆不数日而成功，甚有裨于国焉。若天国兴此技，黄河可疏通其沙，而流入于海，江淮可通有无，而缓急相济，要隘可以防患，凶悍水溢可以救荒，国内可保无虞，外国可通和好，利莫大焉。（洪秀全批注：此策是也）

一、兴银行。倘有百万家财者，先将家资契式禀报入库，然后准颁一百五十万银纸，刻以精细花草，盖以国印图章，或银货相易，或纸银相易，皆准每两取息三厘。或三四富民共请立，或一人请立，均无不可也。此举大利于商贾士民，出入便于携带，身有万金，而人不觉，沉于江河，则损于一己，而益于银行，财宝仍在也。即遇贼劫，亦难骤然拿去也。（洪秀全批注：此策是也）

一、兴器皿技艺。有能造精奇利便者，准其自售，他人仿造，罪而罚之。即有法人而生巧者，准前造者收为己有，或招为徒焉。器小者赏五年，大者赏十年，益民多者年数加多，无益之物，有责无赏。限满他人仿做。（洪秀全批注：此策是也）

一、兴宝藏。凡金、银、铜、铁、锡、煤、盐、琥珀、蠔壳、琉璃、美石等货，有民探出者准其禀报，爵为总领，准其招民采取。总领获十之二，国库获十之二，采者获十之六焉。倘宝有丰歉，则采有多少，又当视所出如何，随时增减，不得匿有为无也。此为天财地宝，虽公共之物，究亦枕近者之福，小则准乡，大则准县，尤大者准省及省外之人来采也。有争斗抢夺他人之所先者，准总领及地方官严办，务须设法妥善焉。（洪秀全批注：此策是也）

一、兴邮亭以通朝廷文书，书信馆以通各色家信，新闻馆以报时事常变，物价低昂，只须实写，勿着一字浮文。倘有沉没书札银信及伪造新闻者，轻则罚，重则罪。邮亭由国而立，余准富民纳饷，禀明而设。或本处刊卖，则每日一篇，远者一礼拜一篇，越省则一月一卷，注明某处某人某月日刊刻，该钱若干，以便远近采买。（洪秀全批注：此策是也）

......

一、兴各省新闻官。其官有职无权，性品诚实不阿者。官职不受众官节制，亦不节制众官，即赏罚亦不准众官褒贬。专收十八省及万方新闻篇有招牌图记者，以资圣鉴，则奸者股栗存诚，忠者清心可表，于是一念之善，一念之恶，难逃人心公议矣。人岂有不善世岂有不平哉！（洪秀全批注：此策现不可行，恐招妖魔乘机反间，俟杀绝残妖后行未迟也）

......

一上所议，是"以法法之"之法，多是尊五美、屏四恶之法。诚能上下凛遵，则刑具可免矣。虽然，纵有速化，不鲜顽民，故又当立"以刑刑之"之刑。

《李秀成自述》（节选）①

计开天朝之失悞有十

一、悞国之首，东王令李开芳、林凤祥扫北败亡之大悞。

二、悞因李开芳、林凤祥扫北兵败后，调丞相曾立昌、陈仕保、许十八去救，到临青（清）州之败。

三、悞因曾立昌等由临青（清）败回，未能救李开芳、林凤祥，封燕王秦日昌复带兵去救，兵到舒城杨家店败回。

四、悞不应发林绍璋去相谭（湘潭），此时林绍璋在相谭

---

① 广西僮族自治区通志馆编：《忠王李秀成自述校补本》，广西僮族自治区人民出版社，1961年，第117—120页。

（湘潭）□（此字为曾国藩涂去，改作"全"，原字不能辨认。）军败尽。

五、悞因东王、北王两家相杀，此是大悞。

六、悞翼王与主不和，君臣而（疑）忌，翼起狈（猜）心，将合朝好文武将兵带去，此悞至大。

六、悞主不信外臣，用其长兄、次兄为辅，此人未有才情，不能保国而悞。

七、悞主不问政事。

八、悞封王太多，此之大悞。

九、悞国不用贤才。

十、悞立政无章。悞国悞命者，因十悞之由而起，而性命无涯。

（曾国藩曾改作"十悞不应专保天京，扯动各处兵马。"）

天朝之根已去，能收复（服）此等之人众齐来，免大清心腹之患再生，中堂及中承（丞）大人名成利就，早日完功收复（服），众匪发何防（妨）。为今虑者，洋鬼定变动之，为中堂恩厚，我亦陈之。鬼子到过天京，与天王及（叙）过，要与天王平分地土，其愿助之。天王云不肯："我争中国，欲相（想）全图，事成平定（分），天下失笑；不成之后，引鬼入邦。"此语是与朝臣谈及后〔不〕肯从。鬼云："尔天王兵而虽众，不及洋兵万人。有我洋兵三、二万众，又有火舟，一手而平。"鬼云："我万余之众打入北京，后说和，今上（尚）少我国尾〔欠〕。尔不与合，尔天朝不久，待为我另行举动。"此这鬼头与天王不肯，然后与及谈。今天朝之事此（已）定，不甚费力，要防鬼反为先。此是真实之语。

自强求富:洋务运动与中国现代化的探索

19 世纪中后期,清朝政府面临着严峻的国内外形势,以太平天国为首的人民起义尚未平息,西方列强又再度举兵进犯。危难之际,朝野内外部分开明人士愈发认识到学习西方、御侮保国的急迫性。19 世纪 60—90 年代,一场旨在"自强"、"求富"的洋务运动逐渐兴起。洋务派官僚主持兴办了一系列现代化事业,改良中国军事、经济、教育、文化、外交等,涉及诸多领域,取得了一定的成绩,也留下了不少遗憾。洋务运动是中国人探索中国现代化发展道路的初次尝试,尽管饱受争议,却仍然值得仔细品味一番。

洋务派与"中体西用"观的提出

一、第二次鸦片战争与洋务派的崛起

鸦片战争后，中国同西方列强签订了一系列不平等条约。列强希望据此打开中国市场，倾销商品、牟取暴利。然而外国商品遭到了中国自然经济的抵制，鸦片贸易的快速增长也影响了其他商品的销售。由此，列强纷纷对清朝政府提出"修约"的要求，以扩大侵略权益。1854 年和 1856 年，英、法、美三国连续两次提出修约要求，均被清朝政府驳回。于是，英、法两国蓄意挑起侵华战争。

1856 年 10 月，英国驻华海军炮轰广州，第二次鸦片战争爆发。1857 年，英、法两国分别任命额尔金（James Bruce, 8th earl of Elgin）和葛罗（Jean－Baptiste Louis Gros）为全权

代表,率军侵略中国。美、俄两国虽未参战,却也派出公使从中"调停",以坐收渔利。此后,英法联军攻陷广州、大沽,惊扰京畿。清朝政府急忙任命大学士桂良、吏部尚书花沙纳为钦差大臣,前往天津与英、法等国谈判。1858 年 6 月,清朝政府被迫先后签订了中俄、中美、中英、中法《天津条约》,丧失大量主权:清政府同意各国公使常驻北京;增开 10 处通商口岸;英、法等国可以到中国内地传教、通商、游历;外国商船可在长江各口岸自由航行;海关邀请英人"帮办税务"等等。1859 年 6 月,战端再开。至转年 8 月,英法联军攻占天津。9 月,咸丰皇帝出逃热河,留恭亲王奕䜣主持议和。10 月,英法联军攻入北京,烧杀抢掠,将著名的皇家园林——圆明园洗劫一空、付之一炬。在列强的威胁下,清朝政府不仅承认《天津条约》的各项条款,还在中英、中法《北京条约》中,加上增开天津为商埠,准许列强招募华工,割让九龙司给英国,交还没收的天主教堂财产等。法国传教士在条约中文版中偷偷加入了传教士在各省租买田地建造自便的条款。俄国趁火打劫,通过中俄《瑷珲条约》、《北京条约》及一系列勘界条约,共侵占中国东北、西北 144 万多平方公里的领土,成为第二次鸦片战争的最大获益者。

第二次鸦片战争给清朝政府带来沉重打击。正如冯桂芬所说:"有天地开辟以来未有之奇愤,凡有心知血气莫不冲冠发上指者,则今日以广运万里地球中第一大国而受制于小夷也。"《北京条约》签订后,列强虽然暂时停止了军事进攻,却在政治、经济、思想文化上向中国展开攻势,猛烈地冲击着清朝政府竭力维持的统治秩序。与此同时,国内人民起义仍此伏彼起。太平天国余部仍在坚持斗争,北方的捻军、西南苗民起义、西北回民起义都使清朝政府深感忧虑。

1861 年,清朝政府内部又发生了宫廷政变。咸丰帝逃到热河行宫后，于 8 月病死，其 6 岁的儿子载淳继位。怡亲王载垣、郑亲王端华、户部尚书肃顺等 8 人作为"赞襄政务王大臣"，总摄朝政。载淳生母慈禧太后意图"垂帘听政"，遭到肃顺等人的反对。11 月，慈禧太后联合奕䜣在北京发动政变，逮捕肃顺等人，将皇帝年号由"祺祥"改为"同治"。奕䜣被任命为议政王，慈禧取得最高统治权，是为"辛酉政变"。

战争结束后，奕䜣等人站在维护清王朝统治的立场上，认定以太平天国为首的国内反清势力是"心腹之害"，俄国为"肢体之忧"，英国只是"肢体之患"，因此主张先解决国内问题。与此同时，英、法、俄等国也向清朝政府示意帮助镇压太平天国。双方一拍即合，1862 年 2 月，清朝政府发布上谕，宣布"借师助剿"。在中外势力的联合绞杀下，太平天国逐渐被扑灭，清朝政府内外交困的局面暂时得到缓解。

在镇压太平天国的过程中，部分开明官吏进一步认识到了西方武器装备的某些长处，主张寻找新的对策，探索新的出路。近代中国新的变革力量——洋务派随即产生。洋务派是 19 世纪 60—90 年代，清朝政府官员中兴办洋务事业的官僚集团。在中央以奕䜣、桂良、文祥等为代表，地方则以曾国藩、李鸿章、左宗棠、张之洞等封疆大吏为代表。他们在镇压太平天国和与外国侵略者的交涉中，都为守护清朝政府立下了"大功"，并掌握了中央和地方的军事、政治、经济实权。此外，在他们的周围还有一批比较了解时局，希望通过兴办洋务富国强兵的官僚和开明人士。他们主张仿效西方资本主义的"坚船利炮"，"练兵制器"、兴办军事工业。此后，洋务事业又逐渐扩大到兴办厂矿、铁路、航运、电报等民用企业，以及创办新式学堂、翻译西洋书籍、派遣留学生等文化、教育事业。中国人学习西方以"自强"和"求富"的现代化实践活动，逐次展开。

二、从"西学中源"到"中体西用"

19世纪中后期,清朝政府内忧外患的政治局势也带来了思想文化的激烈震荡,王朝内部的文化整合呈现出新旧思想杂糅并进的样貌。一方面,清朝政府为医治战争所带来的文化创伤,大力宣扬传统儒家伦理纲常,采取一系列措施重建文化秩序,程朱理学在同治年间得到复兴。另一方面,面对西方文明的不断涌入,朝野上下部分有识之士开始寻求调和中西文化之法,为接纳西学、实施各项改良营造社会心理和舆论环境。"西学中源"、"中体西用"诸学说应时而起。

持"西学中源"说的人士认为,欧美现代文明的各项成就,如制造、工艺、科技等,都源自中国古代,后流传到西方发展起来。因此,中国人学习西学,并非"以夷变夏",而是"礼失求诸野"。"西学中源"说发轫于明末清初耶稣会士来华期间,鸦片战争后再度流行。洋务派官员试图凭借这一学说减轻保守人士对洋务运动的责难和阻挠,争取朝廷的理解与支持。此外,"西学中源"说也得到了维新思想家的推崇。与洋务派停留在器用阶段不同,中国近代早期维新人士对"西学中源"的阐释逐渐深入到政治制度与国家体制层面,借此宣传兴民权、设议院,实行君主立宪制。尽管"西学中源"说牵强附会、缺乏科学依据,在本质上也没有摆脱传统的"夷夏"观念与文化中心主义,但它的确曾产生了一定的作用,对维系民族精神、扫除思想障碍、传播西学等均有所帮助。

与"西学中源"相比,"中体西用"论是一套更为严谨、系统的理论。它最终也发展成为洋务运动的指导思想。"中体西用"即"中学为体,西学为用"。它的核心是以中国传统儒家纲常制度为根本,利用西方现代的工业技术物质文明,弥补中国文化的不足,以达到维护、巩固传统秩序的目的。"中体西用"是一种典型的文化体系可分论，其基本精神在于吸收部分西方文化，将其嵌入中国文化之中。在确保传统政治秩序和伦理观念不变的前提下，采用西方先进文化成果以为富强之术。

当代学者大多将冯桂芬的名著《校邠庐抗议》作为"中体西用"思想的滥觞。《校邠庐抗议》于 1861 年成书，1883 年正式刊行，在洋务派官员中间广泛流传。在书中，冯桂芬明确提出"以中国伦常名教为原本，辅以诸国富强之术"等主张，倡议"采西学"、"制洋器"、设翻译公所培养翻译人才等。同一时期的其他思想家如薛福成、王韬、郑观应等人，对此也有类似的表述，不过他们使用的词语却不尽相同，是"中本西末"、"中道西器"、"中主西辅"。

最早正式使用"中学为体，西学为用"一词的是沈毓桂。他在 1895 年 4 月第 75 期《万国公报》上发表《救时策》一文，明确指出："夫中西学问，本自互有得失，为华人计，宜以中学为体，西学为用。"甲午战后，"中体西用"最终成为洋务派普遍认同的行事准则。不过，随着维新派的崛起，"中体西用"愈发遭到批判，为与"激进分子"划清界限、反对变法主张，洋务派大员张之洞于 1898 年刊布《劝学篇》，对"中体西用"论进行了全面、系统的阐释。《劝学篇》分内外两篇，内篇讲中学，外篇讲西学，讲求"中学为内学，西学为外学；中学治身心，西学应世事"。他主张"新旧兼学"，所谓旧学，即指"四书五经、中国史事、政书、地图"；所谓新学，即指"西政、西艺、西史"，"旧学为体，新学为用，不使偏废"。需要指出的是，张之洞所说的"西政"，并非指宪政民主等政治制度，而是指西方的教育、农业及工商业制度。尽管直到 20 世纪初，上述理论依然为清朝统治者及士人接受，然而"中体西用"却早已不再是引领时代潮流的思想主张。

从自强到求富：洋务派选择的现代化道路

一、自强：西法练兵、军工企业与中国军事现代化的开端

洋务派所开展的改良事业，始于军事领域，与清朝政府迭遭内外军事威胁密切相关。两次鸦片战争的失利，以及镇压太平天国的不利，使得部分开明人士深刻认识到清朝政府在军事上的种种缺陷。因此，购买外国装备、组建新式军队以维护国家安全，成为当务之急。诚如曾国藩所言："购买外洋船炮，则为今日救时之第一要务。"

清朝政府的军队现代化改革，在镇压太平天国的过程中即已初见端倪。清朝军队在传统的八旗、绿营之外，出现了使用洋枪、洋炮的湘军与淮军。相对而言，由于李鸿章更实务，受西方影响较多，因此对西洋枪炮更加痴迷。于是，淮军购置使用了很多洋枪洋炮。据统计，李鸿章自 1862 年开始大量购买洋枪、洋炮，至 1865 年，5 万淮军中已有洋枪 3—4 万枝，开花炮 4 个营。整个 60 年代，淮军先后购买洋枪 10 余万枝。此外，淮军还聘请了西洋教练，采用西洋操法训练。奕䜣等人先是于 1861 年奏请训练八旗兵丁时要使用洋枪、洋炮，后于次年在天津组建洋枪队，一面聘请外籍教练，一面选派八旗兵到天津接受训练。1866 年，奕䜣在直隶又选练了六军 15000 人，组成"练军"。

在守卫海疆、建设新式海军方面，清朝政府亦动了一番心思。1860 年左右，清朝政府从海关税银中抽出 80 万两，交由担任清朝海关总税务司的英国人李泰国（Horatia Nelson

Lay)去英国购买兵船。不料李泰国不仅超支,还擅自成立一支"中英舰队",企图控制中国未来的海军。清朝政府先后花了160万两银子,结果却事与愿违。买船碰壁后,清朝政府又转而造船。然而几年后,所造兵船"船材来自外国,煤炭亦购自南洋",官员们感到造船不如买船,于是又大量订购外船。随着清朝政府官员海防意识的增强,丁日昌遂提出建立北、东、南三支舰队的建议。

1875年5月,清朝政府任命沈葆桢和李鸿章分别督办南洋、北洋海军。至甲午战争时,清朝军队已拥有船舰60—70艘,分属福建水师、南洋水师和北洋水师。其中北洋水师最强,南洋、福建水师次之。北洋水师是清朝政府最重要的一支新式海军,由李鸿章一手操办和控制。它从70年代开始筹划,到1888年北洋海军正式成军,除鱼雷艇及辅助船以外,共拥有大小舰只20余艘,并建成旅顺和威海卫两个重要基地。此外,清朝政府还于1885年设立了"总理海军事务衙门",为统辖全国海军的机构,醇亲王奕譞为总理,实权由李鸿章掌握。总之,创建新式海陆军是洋务运动的重要内容之一。新式陆海军的创建,为巩固国防、加速中国军事现代化带来一线希望。

直接在外国采购军事装备,往往需要花费巨额资金。因此,为节省开支、加快实现军事现代化,洋务派官员进而提出开办军工企业、制造西式船炮的主张。正如李鸿章所说,机器制造乃是"御侮之资,自强之本"。洋务派开办的军工企业始自1861年底,由曾国藩设于安徽安庆的安庆军械所,是清朝政府创办的最早的制造新式武器的军工作坊。

除此之外,由洋务派创办的较为著名的军工企业还有江南制造总局、福州船政局、天津机器局等。江南制造总局亦称江南机器制造总局、上海机器局,是洋务派创办的规模最大的兵工厂。1865 年 9 月,由曾国藩、李鸿章设立于上海。是年,李鸿章收购了虹口的美商旗记铁厂,并将原设于上海的洋炮局并入。1867 年搬入高昌庙镇,持续扩充设备,分厂总计有 16 个。该局主要制造枪炮子弹,并附设翻译馆、机械学校。福州船政局亦称马尾船政局,是洋务派所创办的第一个制造轮船的专业工厂,也是最大的船舶修造厂,1866 年由时任闽浙总督的左宗棠筹建于福州。1874 年,该局成为一所以造船为主的新型工厂,至 1895 年共造船 36 艘。该局重视人才培养,附设船政学堂和技工培训班(艺圃),多次选派学生赴欧洲留学,为中国培养了一批海军人材。天津机器局由崇厚于 1867 年创办。此后屡次扩建,东局以制造洋火药、洋枪、洋炮、子弹、水雷为主,并附设水师、水雷、电报学堂;西局则以制造军用器具和开花子弹为主,兼造炮车器具、电线、电机、电引、布雷船及挖河船等,其军火生产能力仅次于江南制造局。1870 年,李鸿章就任直隶总督后接办该局。1895 年该局改称"北洋机器制造局"。

这些企业完全采取官办的形式,其经费主要由清朝政府从关税、厘金和军饷中拨付;其产品不是商品,不参加市场交换,而由清朝政府调拨各处使用;其经营不是为追逐利润,采用衙门式管理,生产率低,成本较高。尽管如此,洋务派创办的军事工业仍然是中国较早出现的近代机器工业。它们生产的军事装备使清朝军队实力有所增强,虽没有完全达到"自强"的目标,却也为近代中国国防奠定了初步的基础。

二、求富:民用企业与中国近代工商业的起步

19 世纪 70 年代,洋务派在兴办军事工业的过程中,遇到了严重的经营困难。现代军事工业无法孤立存在,它需要充分的资金,以及煤铁、电力、运输等各项支持才能正常运转。

洋务派遂提出了"求富"的口号，开始经营民用企业。洋务派创办的民用企业，可"稍分洋商之利"，亦有抵御外来经济侵略的意味。

洋务派兴办的民用企业，大约可分为 4 类，即轮船航运业、矿业、纺织业与电线电报业。与军事工业的官办性质不同，民用企业大多采用"官督商办"的模式。所谓"官督商办"，又可称为"官商合办"，是指以招商的方式，在政府的监督下，利用商人资本创办民用工业。如李鸿章所言，"由官总其大纲，察其利病，而听该商等自立条议，悦服众商"，"所有盈亏，全归商人，与官无涉"。因此，洋务派兴办的民用企业，也得到了中国商人资本家的大力襄助。

1872 年，李鸿章在上海创办轮船招商局。此为洋务派民用工业由官办转向"官督商办"的第一个企业。起初，李鸿章令浙江漕运局总办、海运委员朱其昂创立轮船招商局，不久即因资金周转不灵而陷入困境。翌年 7 月，李鸿章札委唐廷枢继任总办，徐润、朱其昂、盛宣怀和朱其诏为会办，协同办理。招商局改组后，力图"纯用西法经理"。唐廷枢主持重新制订了《局规》《章程》，强调"照买卖常规办理"，确立招商局官督商办的性质。经官商协力经营，卒使招商局一跃成为中国最大的轮船企业。轮船招商局的成立和投入营运，打破了外商垄断中国内江、沿海航运的局面。1877 年，招商局甚至兼并了美国旗昌轮船公司，与英商太古、怡和洋行形成鼎立之势。

这一时期洋务派开办得较为成功的民用企业还有开平矿务局、上海机器织布局等。开平矿务局是清末官督商办的大型新式采煤企业。1876 年，李鸿章派招商局总办唐廷枢赴唐山开平一带勘测，发现此地蕴藏丰富矿产，且质地优良，李鸿章遂于次年 8 月派唐廷枢筹办，并拟定《直隶开平矿务局章程》,招商集股。1878 年,开平矿务局在直隶唐山开平镇成立,1881 年投产。煤矿年产量逐年递增,19 世纪末达到 78 万吨,为同期其他官督商办煤矿所不及。该局不断扩充设备,改善运输条件,1886 年成立开平铁路公司,1889 年购买了一艘运煤船,往来天津、牛庄、烟台等地。至 1894 年,轮船增至 4 艘,在塘沽、天津、上海、牛庄等港口设有专用码头和煤栈。该局产煤主要供应轮船招商局和天津机器局,也大量销往市场,获利甚厚。到 19 世纪末,总资产已近 600 万两,是洋务派所办采矿企业中成效最为显著者。

上海机器织布局俗称"老洋布局",是近代中国最早的官督商办机器棉纺织厂。初由候补道彭汝琮呈请李鸿章、沈葆桢倡议兴办。1880 年,李鸿章委派编修戴恒为总办,道员龚寿图为会办,与郑观应、经元善一起办理筹建工作。该局从弹花、纺纱到织布全用机器,成品可与进口纱布相比。1893 年,织布局毁于火灾,旋由李鸿章派盛宣怀复建,改为华盛纺织总厂,1894 年 9 月重新投产。与此前的织布局相比,华盛纺织总厂的规模更大、设备更好。

此外,洋务派在电线电报的架设方面也取得了明显的进展。作为一种先进、便利的通讯手段,电线电报既有助于清朝政府军事防务水准的提升,也有利于民间工商业的发展,因而备受重视。1880 年,李鸿章奏准筹设津沪电报线时,在天津成立官办的津沪电报总局,委派盛宣怀为总办,后正式命名为中国电报总局。1882 年,电报总局改为官督商办,招股集资,架设沪粤电线、长江电线。1884 年春,总局由天津移至上海,一面与外商公司交涉折冲电报利权事宜,一面统筹各路电线的架设。至 1895 年,清朝政府建成了"东北则达吉林、黑龙江俄界,西北则达甘肃、新疆。东南则达闽、粤、台湾,西南则达广西、云南,遍布 22 行省,并及朝鲜外番"的电报网络,其中不乏商业线路,而且数量相当可观。

洋务派创办的民用企业,取得了一定的成绩,也挽回了部分利权。更重要的是,它为民族资本主义的产生和发展提供了示范和基础。

三、求知:办学堂、遣留学、译西书与中国文化、教育现代化

洋务运动是新兴的革新运动,外交、工业、商业、交通、军事等方面都需要新式人才。然而,传统科举制度所选拔出来的人才"习非所用,用非所习",不能适应洋务事业发展的需要。因此,洋务派兴办了一大批新式学堂,并向外国派遣留学生,倡导翻译西方书籍,推动了文化、教育领域的现代化进程。

1. 洋务派开办的各类新式学堂

洋务派兴办新式学堂带有很强的功利、实用色彩。早期洋务学堂为外语学堂,是为了培养外交翻译人才而设。洋务教育以学习外国语言文字为开端,随着近代工业的发展,逐渐增加天文、算学等。至70年代,以服务工商业为目的的各类实业学堂,如电报、矿务、铁路、商务、医学等学堂相继出现。据统计,截至1896年,洋务派在各地开办新式学堂30所,其中外语学堂7所、科学技术学堂13所、军事学堂10所。

新式学堂始于1862年由奕䜣等人奏请开办的京师同文馆。此为近代中国第一所外语学堂。同文馆学生多为八旗子弟。初设英文馆,后增设法文馆、俄文馆、德文馆,教习均为外国人。1867年增设天文算学馆。1869年聘美国传教士丁韪良(William Alexander Parsons Martin)任总教习。经其整顿,拟订了8年课程计划。学生在学习外语之外,还要兼修数学、物理、化学、天文、航海测算、万国公法、政治学、世界历史、世界地理、译书等课程。同文馆由单纯的外语学校变

成以外语为主,兼习多门西学的综合性学校。与此同时,京师同文馆规模有所扩大,在上海和广州分别设立了分馆(即1863年成立的上海广方言馆和1864年成立的广东同文馆)。上海、广州分馆陆续选派优秀学生赴京。此外,同文馆还于1876年建成化学实验室和科学博物馆,1888年兴建物理实验室和天文台,作为课堂教学的实验场所。同文馆学生待遇优厚,考试也很严格,有月课、季考、岁考3种。每3年举行大考1次,列入优等者升官阶,次等者记优留馆,劣等者除名。翻检同文馆遗留下来的考试试卷,不难看出,时人对西学的掌握程度尚略显粗浅。直到19世纪末,其数学试卷所考知识,大体相当于现在小学高年级和初中程度。不过,当时较为优秀的学生已能较好地理解、掌握教习所讲授的西学知识,如京师同文馆1872年岁试英文格物第一名朱格仁试卷,学生答卷言简意赅、论述清晰、绘图精良。京师同文馆为中国培养出一批通晓外语、西学的外交、翻译人才。毕业生中唐在复、陆徵祥、杨枢、杨兆鋆、刘镜人、刘式训、戴陈霖等人较为知名,多为上海广方言馆选送的学生。

科学技术类学堂,主要有福州船政学堂、广东实学馆、上海电报学堂、湖北矿务局工程学堂、北洋医学堂、海关铁路学堂等。其中较有名的,为福州船政学堂。1866年底,福州船政学堂由左宗棠在福州马尾创办,是福州船政局的附属机构。船政学堂分为前、后学堂,即法文学堂与英文学堂。学习期限为5年。前堂教授轮船制造,主要课程有:法语、算术、代数、画法几何和解析几何、三角、微积分、物理、机械学等,并进行船体建造和机器操纵的实践教育;后堂教授驾驶,主要课程有:英语、算术、几何、代数、平面三角和球体三角、航海天文学、航行理论和地理学等,并进行航行实践。自1877年开始,船政局还连续多次选派优秀学堂学生赴英、法等国留学深造。船政学堂以培养轮船制造和驾驶人才为办学目标,军事色彩明显,也可算作近代中国第一所海军学校,为清朝政府培养了一批优秀的近代工业技术人才和海军官兵。

军事类学堂方面,主要有北洋水师学堂、北洋武备学堂、广东水陆师学堂、江南水师学堂、江南陆师学堂等。其中以天津北洋水师学堂和北洋武备学堂较为知名。由李鸿章奏请兴建,1880年8月落成的天津北洋水师学堂是为了培养海军技术人才。学堂落成后,从船政学堂请来严复为洋文总教习,主持教务,并选调船政学堂的一批毕业生任教习。教师,主要由英国人担任。学生,则根据文化程度高低分为3班,学制5年,前4年在学堂学习各科课程,主要有英文、几何、代数、三角、重学、天文、舆地、测量、驾驶等,最后1年上练船实习操作。考验合格者,保举把总候补。

北洋武备学堂是近代中国第一所培养陆军人才的新式军事院校,1885年正月借用天津水师公所创办,后建在大直沽附近旧柳墅行宫,由直隶总督李鸿章奏请清朝政府批准,由其幕僚津海关道周馥及杨宗濂一手创办。该堂仿效德国陆军学校,教师也多自德国聘请,并选派通习中外文字之人担任翻译。学生系由各处营弁挑选而来,有100多名。

2. 近代中国早期官派留学生

尽管洋务派先后兴办了不少新式学堂,却仍不能满足洋务事业对新式人才的需求。因此,为更直接地获取西学知识、培养西学人才,清朝政府开始尝试向欧美国家派遣留学生。近代中国最早的官派留学,始于自70年代初开始的幼童留美事业。幼童留美计划,由曾留学美国、自耶鲁大学毕业归国的容闳提出,在洋务派官僚丁日昌、李鸿章、曾国藩的支持下终成现实。从1872年开始,每年送30名,4年共计

120 名,赴美留学,学习期限为 15 年。幼童籍贯多集中在沿海省份,尤以广东省香山县居多。此地亦为容闳的故乡,容闳之于留美教育的特殊贡献,由此可见一斑。幼童最幼者 10 岁,最长者 16 岁,先入中小学,后入耶鲁等大学学习法律、工、矿、路、机等专业。

起初,留学事业尚能按计划有条不紊地进行。清朝政府在美国康涅狄格州创设出洋肄业局,具体经办幼童留美事务,任命刑部候补主事陈兰彬,以及容闳分任正副委员。陈兰彬于 1875 年改任驻美公使,肄业局先后交工部候补主事区谔良,驻美参赞容增祥、吴嘉善管理。为使长年在海外求学的留美幼童不"忘本",清朝政府为他们设置了中学课程。然而,幼童甫抵美国,就三个人或者两个人一起住到美国的家庭,受到异质文化的熏陶,在生活习惯、思想观念等方面迅速"西化",抵触甚至拒绝清朝官员的管束。对待这种情况,容闳持宽容的态度,与其他官员的意见分歧越来越大。

随着区谔良和容增祥相继回国,留美幼童"抛荒中学",以及容闳与陈兰彬、吴嘉善不和的情况传到李鸿章的耳朵里,引起了官方的忧虑。1881 年,清朝政府正式下令将留美幼童全部撤回,120 名幼童除少数死在异地他乡、提前回国或滞留不归者外,其余 94 名分 3 批撤回。此时只有 2 人获得学士学位,詹天佑即是其一。由于清朝政府起初在处理留学生归国任用问题上没有明确的计划,留美幼童受到不公正的对待。于是,李鸿章接受了相当数量的归国留美幼童,派到洋务部门充任学徒和翻译等。此后,也有部分留美幼童成为了著名的工程师和外交家。容闳在回忆录中,曾将幼童留美事业的夭折,归罪于陈兰彬、吴嘉善等保守官员的破坏,对吴嘉善尤其深恶痛绝,称他为"留学界之大敌"。另一方面,以李鸿章为首的清朝官僚则指责容闳在处理问题时"意见偏执"、

"固执己见"。然而无论如何,留美幼童事业的中辍,实为中国近代历史上的一大憾事。

尽管留美教育受挫,清朝政府的留欧教育却开展得较为顺利。1877—1896 年,清朝政府实施了留欧教育计划,以福州船政局为主体,派遣学生赴英、法等欧洲国家学习驾驶、制造等技艺,学制 3—6 年,前后 4 批共派出 88 人。留欧教育为洋务事业培养了大量人才,学生学成归国后,在洋务派创办的新式军队、企业和学堂中服务。不少留欧学生投身海军,在北洋海军中充任要职。在铁甲舰、巡洋舰和练习舰上担任管带的有刘步蟾、林泰曾、方伯谦、叶祖珪、林永升、邱宝仁、黄建勋、林履中、林颖启、萨镇冰等人,担任总管轮的有李鼎新、刘冠雄等人。其中刘步蟾、林泰曾担任总兵,职权仅次于海军提督丁汝昌。在造船方面,留欧学生也颇有建树。甲午战争前夕,清朝海军中拥有数量可观的国产舰船,多为船政学堂学生及留欧学生主持设计监造。此外,留欧学生也不乏投身海军教育事业者,如严复曾任北洋水师学堂总教习和总办,蒋超英、魏瀚也曾分别担任江南水师学堂和广东黄埔水师总办。

3. 洋务运动时期的官办译书活动

在中外长期隔绝的情况下,洋务事业所需要的知识和技术只能借助于翻译。因此,清朝政府开始着手创立官办译书局。这些翻译机构大多附设在洋务企业与新式学堂之中,其中出书最多、影响最大的当为江南制造局翻译馆。

1868 年 10 月,曾国藩上奏清朝政府,请求开设翻译馆。他说:"盖翻译一事,系制造之根本。洋人制器,出于算学,其中奥妙,皆有图说可寻。特以彼此文义扞格不通,故虽日习其器,究不明夫用器与制器之所以然。"因此,他主张"另立学馆,以习翻译"。翻译馆由此在制造局成立,译书活动自 70

年代一直持续到 20 世纪初。

翻译馆先后聘请中外学者 59 人,其中外国学者 9 人,中国学者 50 人。外国学者主要有傅兰雅(John Fryer)、秀耀春(F. Huberty James)、玛高温(Daniel Jerome MacGown)、林乐知(Young J. Allen)、金楷理(Carl T. Kreyer)、卫理(Edward T. Williams)、伟烈亚力等。其中,在馆时间最长、译书最多的学者当属傅兰雅,由他口译的书籍约占全部译书的三分之一以上。中国学者主要有徐寿、华衡芳、舒高第、赵元益、徐建寅、郑昌棪、钟天纬、瞿昂来、李凤苞、贾步纬等人。译书仍采用西译中述的方法,由外国学者口译,中国学者笔述并加以润色。

从内容上看,翻译馆所译书籍涉及很多学科门类。按《上海制造局译印图书目录》统计,局译西书共 197 种,分为交涉、兵学、兵制、化学、工艺、工程等 21 类。由于附属于制造局,因此译书又以兵学、工艺、算学、兵制为最多,政治、社科类书籍较少。另据《西学书目表》所录 1896 年前的江南制造局译刊的 120 种西书中,矿政、工政、兵政、船政类多达 74 种,自然科学类为 32 种。官制、学制、商政、农政都无译书,只有史志、法律 7 种。

1869 年 10 月,上海广方言馆并入江南制造局,翻译实力更为雄厚。广方言馆向来重视指导学生进行翻译实践活动,学生与洋教习合译的西书亦可在制造局出版。他们毕业后所译的书籍更多,包括政史、算学、军事、兵制、外语语法等多个学术门类。其中严良勋译的《四裔年表》,被认为是了解世界各国创建、变革、种族、征战杀伐等内容的必读书;钟天纬译的《英国水师考》、瞿昂来译的《法国水师考》,是时人了解英法军队的必读书;汪凤藻编译的《英文举隅》,是近代中国人编写的第一部英文语法书。

江南制造局译书质量上乘，具有一定的社会影响力。梁启超曾发表评论："惟制造局中尚译有科学书二三十种，李善兰、华蘅芳、赵仲涵等任笔受。其人皆学有根柢，对于所译之书，责任心与兴味皆极浓重，故其成绩略可比明之徐、李……光绪间所为新学家者，欲求知识于域外，则以此为枕中鸿秘。"维新派思想家康有为、梁启超、谭嗣同等人都曾先后大量阅读过江南制造局的译书，接触到一些现代科学知识和西方思想观念。

19 世纪下半叶，除江南制造局翻译馆外，中国主要的官办译书机构还有京师同文馆。为满足同文馆新开西学课程的需要，丁韪良也曾组织同文馆外国教习、优秀学生编译西学教科书，内容涉及国际法、政治经济学、历史、化学、物理、天文、数学、医学、生理学等领域。他亲自翻译了《万国公法》《富国策》《格物入门》等 10 余部书。这些书既在一定程度上满足了同文馆西学教育需要，也使许多助译学生受到西学的熏陶和专业训练。不过，同文馆翻译的图书在数量与质量上都不及江南制造局翻译馆。同文馆翻译的图书主要是教材，总数不到 30 部，其版本选择和翻译的文笔皆稍嫌逊色。

洋务派官僚从事的文化、教育事业，在短期内造就了一批实用性人才。不过，中国人对西学认识的逐渐深入，以及新式教育的日渐发展，对传统中学乃至清王朝的统治根基都造成了一定程度的削弱。这是洋务派所始料未及的。

四、从总理衙门到遣使出访：清朝政府外交体制的现代化转向

第二次鸦片战争以后，外国公使驻京和清朝政府推行"借师助剿"政策，开始改变了清朝传统的外交格局，出现了所谓中外"和好"的局面。外国公使驻京,对外交涉成为重要的政府职能之一。也正因为如此,清朝政府对原有的外交体制进行变革,开始派遣使节,走向世界,与不同国家建立起外交关系。

1. 近代外交、通商机构的出现

为便于办理外交事务及其他洋务事业,1861 年 1 月,奕䜣奏请设立"总理各国事务衙门"。总理大臣由皇帝指派,奕䜣为首任总理衙门大臣,此外还有大学士桂良、户部左侍郎文祥。总理衙门的职权主要是办理外交,此后范围不断扩大,经管通商、海防、军务、关税等事务。总理衙门对中国社会发展起了一定作用,也是清朝中央政府处理与外国人相关事务的权力中枢。

随着总理衙门的设立和中国利权的不断丧失,清朝政府除开放原有五口通商口岸外,又开放了大批通商口岸。为管理相关事务,清朝政府内部又出现了了南、北洋大臣。第二次鸦片战争后,东南沿海与长江沿岸增开口岸 8 处,清朝政府设立总理衙门后,又设钦差大臣管理江、浙、闽、粤、内江各口的通商交涉事务,起初沿用"五口通商大臣"名称,或称"上海通商大臣"、"南洋通商大臣"等,主要管理东南沿海和长江沿岸通商以及中外交涉事件。南洋大臣驻上海,初期由江苏巡抚薛焕、李鸿章相继兼任。1865 年李鸿章调署两江总督,南洋大臣至此由两江总督兼任。自 1866 年曾国藩回任两江总督以来,南洋大臣先后由湘系集团官员曾国藩、曾国荃、左宗棠、沈葆桢、刘坤一等人担任,前后达 40 年之久。

北洋大臣设于 1860 年,初由崇厚兼任,名为"三口通商大臣",负责管理天津、牛庄(后改营口)、登州(后改烟台)三口通商交涉事务。1870 年后,清朝政府将山东登莱青道所管辖的东海关、奉天通奉锦道所管辖的牛庄关,归北洋大臣管理。三口通商大臣改称"北洋通商大臣"，或称"北洋大臣"，并加"钦差"名义，例由直隶总督兼任。除管理原有三口通商事务外，还兼督北洋海防，办理招商、路矿、电线等事务。

早在 1854 年，外国侵略者就借机窃取了上海海关的管理权。第二次鸦片战争后，他们把在上海所实行的办法推广到中国其他通商口岸，建立起一套海关制度，并予以全面掌控，形成定制。中国海关总税务司最先由英国人李泰国担任，1863 年改由英人赫德（Robert Hart）继任，直到 1909 年去职。他在华担任总税务司达 45 年之久，而英国人控制中国海关长达半个世纪。总税务司掌握海关全部行政和人事大权，各口税务司对总税务司负责，各口税务司及高级职员由英、法、美、德等国人担任，中国人只能充当一般职员。

1865 年总税务司公署在北京成立。由于清朝政府国库收入越来越依赖海关税，因此海关权愈加重要。由于海关总署机关直接设在北京，于是赫德不仅在经济上控制了清朝政府，在政治上也产生一定的影响。总税务司公署名义上隶属总理衙门，但赫德却经常凌驾其上，多方干涉中国政务。清朝政府的许多重大外交活动，赫德几乎都参与。总理衙门经办的某些外交事务，也要听取赫德的意见。

2. 遣使出访与驻外使领机构的设立

1866 年 2 月，总税务司赫德向总理衙门请假半年，前往欧洲旅行，并希望带一两名同文馆学生前往。奕䜣同意赫德的建议，但认为同文馆学生皆为少年人，于是派遣斌椿父子及同文馆 3 人组织的观光团游览英、法、德及丹麦、比利时诸国，了解西方国家情况，寻求可资借鉴之处。斌椿，字友松，汉军正白旗人，曾任山西襄陵县知县。1864 年为赫德办理文案，其子广英襄办。斌椿一行 3 月从北京出发，5 月抵法国马赛，开始了对欧洲各国为期近 3 个半月的考察访问，8 月从马赛启程回国。此次访问并非正式派出使节,而是考察访问。斌椿把游历国外期间的所见所闻写成《乘槎笔记》,记录下在西方的所见所闻。于是,斌椿等人成为了近代中国第一批出国了解西方的探路人。

1867年11月,清朝政府任命即将卸任回国的美国驻华公使蒲安臣(Anson Burlingame)为特命大使,总理衙门章京志刚、孙家谷为办理中外交涉事务大臣,英国人柏卓安(John M.Brown)、法国人德善(E.de Champs)为左右协理,另有中国秘书和随行人员30多人,组成使团出使欧美各国。1868年2月,使团正式出访。7月,蒲安臣代表清朝政府同美国签订了中美《天津条约续增条约》,即《蒲安臣条约》。此为中国近代史上首个对等条约,美国承认中国为平等国家,声明不干涉中国内政,还规定"大清国与大美国切念人民互相来往,或游历,或贸易,或久居,得以自由,方有利益"。该条约既为中国幼童留美提供了便利,也为华工出国打开方便之门。美国之行后,该使团游访英、法、俄等国。1870年,蒲安臣途中病逝,使团在志刚的带领下又访问了比利时和意大利,10月回到北京。蒲安臣使团是清朝政府正式派遣的第一个出使欧美的使团,访问10余国,加强了清朝政府同西方各国的相互了解,为日后遣使出洋开辟了道路。

《天津条约》确认了外国公使驻北京的特权。英、法、俄、美等国随后相继在北京建立公使馆,直接对清朝政府进行外交讹诈和政治控制,干涉中国内政。随着外国使节驻京、遣使出访的展开,以及处理外交事务的需要,清朝政府在外国建立使馆已刻不容缓。1876年,清朝政府任命郭嵩焘为驻英公使,是为中国第一个驻外公使。此后,清朝政府相继任命驻美、西班牙、秘鲁、日、德、法、俄等国公使,80年代增设驻意大利、荷兰、奥地利、比利时等国公使。同时,总理衙门制定

《出使章程》12 条，规定了驻外人员的品级、薪俸和年限等，使中国遣使驻外制度化、正规化，也使中外关系实现了对等化，打破了多年来只有外国使领常驻中国而没有中国代表常驻外国的局面。

夹缝求生的"中兴":品评洋务运动

一、洋务运动的现代意义

洋务运动既是近代中国向西方学习从理论走向实践的重要一步,也是中国开始现代化进程的第一步。它对中国社会所产生的影响,远远超出了洋务派官员最初的改革设计方案。

随着洋务事业的兴起,近代城市开始步入新的发展期。洋务派创办的大量军用、民用企业,尤其是航运、铁路、电报各项事业的扩展,有力地推动了中国的城市化进程。据统计,在中国近代 207 个城市中,直接受惠于洋务运动的占四分之一以上,间接影响则几乎遍及所有城市。一大批新兴通商口岸城市纷纷崛起。上海、天津、南京、福州、广州、武汉等大都市的发展令人瞩目。

洋务运动还带来了社会阶层的显著变化,资本家、产业工人以及新士人群体开始苗壮成长,为日后更加激烈而彻底的社会变革积蓄了力量。由于国情使然,中国资本家并非来自市民等级,而是由官僚地主、商人和买办转化而来。其中以官僚地主最多,买办次之,商人最少。这与新式企业大多由洋务官员及其幕僚率先创办不无关系。在洋务派兴办民用企业的同时,民族资本企业也在 19 世纪 60—70 年代悄然兴起。民族资本投资的产业,主要有缫丝、轧花、纺织、面粉、火柴、造纸、小轮航运等,遍及上海、广东、天津、福建等地,其资本与规模尚显弱小。在资本家所开办的企业中,产业工人群体也随之进一步聚集、成长。至 1894 年,中国产业工人大约有 10 万人。此外,洋务运动还冲击了中国传统的价值观念,引发了知识界的变动。洋务派开展的新式教育,尽管仍然以"中体西用"为旨归,但学生学习外语、西学的时间增加;传统中学虽未被完全废弃,却也失去了绝对支配的地位。清朝政府官办的译书机构,以及同一时期基督教会在华创办的文化事业,都为社会提供了数量可观的出版物,传播西学和新知。随着时间的推移,不同于传统士人的新型知识分子群体逐渐发展壮大。面对中国社会所存在的种种弊端,他们开始谋求新的解决方案。

二、洋务运动的困境与局限

洋务运动时期,清朝政府呈现出"中兴"气象,恰逢同治、光绪两朝,因而也常被称之为"同光中兴"。洋务运动成为了"中兴"的重要标志之一。然而,"盛名之下,其实难副",洋务运动在实施的过程中屡陷困境,局限性明显。

洋务运动饱受后世史家诟病者,源于其难以克服的不彻底性。如蒋廷黻所言:"自强运动的领袖们并不是事前预料到各种需要而订一个建设计划,他们起初只知道国防近代化的需要。但是他们在这条路上每前进一步以后,就发现必须再进一步;再进一步以后,又必须更进一步。其实必须走到尽头然后能生效。近代化的国防不但需要近代化的交通、教育、经济,并且需要近代化的政治和国民,半新半旧是不中用的。"尽管洋务派对西方的认识逐渐深入,然而这并不能让他们对整个改革事业做通盘的规划。京师同文馆从属于总理衙门,上海广方言馆和翻译馆从属于江南制造局,福州船政学堂从属于福州船政局。同一时期,日本正在进行的明治维新却是另外一番景象。日本学者井上清认为,尽管时代相同,日本的明治维新与洋务运动却是两种性质截然不同的改革事业。明治维新是日本的一项基本国策,而推动洋务运动的洋务派只是清朝政府内部的一个政治派别;明治维新是一个涉及政治制度、社会经济结构、学术、技术、文化、教育所有领域的系统性改革,而洋务运动仅在军事和经济的某些方面采用西方的科学技术,毫不触及政治制度和经济结构本身;明治维新与民众联系紧密,在政府与人民相互作用、渗透中得以发展,而洋务运动与民众的直接关系甚小。两相比较,不难看出中日两国改革事业的高下优劣。

抛开改革理念的固有缺陷不谈,在具体的实践活动中,洋务运动的失误也显而易见。如洋务派开办的各类企业,管理方式落后,效率低下。那些采用官督商办模式的企业,其产权界定也十分模糊,官场不良习气难以避免,还时常引发官商之间的矛盾冲突。如唐廷枢、徐润任职招商局期间,在人员任命上常常任人唯亲,擅自挪用招商局公款,遭到盛宣怀的弹劾,纷纷去职。事实上,盛宣怀也时常因"滥用滥支"、"钻营私利"、"侵吞公款,剥削商民"而屡遭弹劾。清朝政府官场腐败的风气无孔不入,而热心洋务的各界人士又因种种利益冲突而不能维持长久的合作关系。留美幼童事业的夭折,就暗含着复杂的内部权力争斗。洋务派内部的权力之争,也是洋务运动遭受挫折的原因之一。

由于洋务派官员对西方了解程度有限,所以不得不在许多方面依赖外国人。许多受聘而来的外国专家具备良好的素养和技术专长,洋务派在与他们交往的过程中,也时常会上当受骗。许多购自外国的机器、原料和燃料,由于外国人以次充好,以至于价格昂贵,弊端丛生,浪费惊人,腐败严重。清朝政府为组建北洋海军,曾从英国购买了超勇、扬威两艘巡洋舰,在海军任职的一位洋员发现其质量存在问题,明言这两艘船是"骗人的东西"。事后证明,此言非虚。李鸿章创办金陵制造局后,交由英国人马格里(Macartney Halliday)督办造炮。但此人的专业实为医生,所制产品质量低劣,时常发生爆炸事故。

除了洋务派自身的失误,洋务运动无法顺利、深入开展的另一个重要原因,是时常受到国内保守派官僚的阻挠与破坏。在洋务运动期间,洋务派与保守派曾展开多次激烈争论。

如1866—1867年就曾围绕京师同文馆增设天文算学馆之事发生过争论。奕䜣基于西方自然科学技术"无一不自天文算学中来"的认识,奏请在同文馆内增设天文算学馆,聘请洋人为教习,招收"科甲正途"人员和五品以下官员入馆学习。此议一出,立即遭到保守派官僚的反对。监察御史张盛藻率先发难,大学士倭仁随后批评:"立国之道,尚礼义不尚权谋;根本之图,在人心不在技艺。今求一艺之末,而又奉夷人为师。无论夷人诡谲,未必传其精巧,即使教者诚教,学者诚学,所成就者不过术数之士,古今未闻有恃术数而能起衰振弱者也。天下之大,不患无才。如以天文算学必须讲习,博采旁求必有精其术者。何必夷人?何必师事夷人?"奕䜣不得不奋力反击:"该大学士既以此举为窒碍,自必别有良图,如果实有妙策,可以制外国而不为外国所制,臣等自当追随该大学士之后,竭其梼昧,悉心商办,用示和衷共济,上慰宸廑。如别无良策,仅以忠信为甲胄,礼义为干橹等词,谓可折冲樽俎,足以制敌之命,臣等实未敢信。"一时间,双方各不相让。由于洋务派在辩论中占据优势,奕䜣等人的建议最终得以采纳并实行。不过,由于保守派官僚的阻挠,天文算学馆的招生并不顺利,勉强从72名应试者中录取30人。半年后又淘汰20名学生,仅剩10人,被并入英、法、俄三馆学习外文。

继同文馆风波之后，又发生关于铁路修建问题的争论。1880年，前直隶提督刘铭传奏请修筑两条铁路，一由清江经山东至北京，一由汉口经河南达北京。他认为"铁路之利于漕务、赈务、商务、矿务、厘捐、行旅者不可殚述，而于用兵一道尤为急不可缓之图"。刘铭传的提议遭到保守派官僚的反对，侍读学士张家骧上奏指斥铁路有"三大弊"，一是洋人可乘铁路到处往来，引来祸端；二是毁坏田亩、房屋、坟墓、桥梁，滋扰民间；三是劳民伤财，增加国家负担。原驻英副使刘锡鸿甚至提出了不能修造铁路的25条意见。在保守派官僚强大的舆论压力下，清朝政府否定了刘铭传的提议。具有讽刺意味的是，为便利开平煤矿所产煤炭的运输，中国第一条自建铁路——唐胥铁路在李鸿章的授意与保护下顺利修筑完成。铁路最初以骡马拖载，后正式改用蒸汽机车。总之，洋务事业就是在洋务派与保守派官僚的拉锯战中缓步前行的。可以说，洋务运动几乎每前进一步，都会遭到保守派官僚和传统势力的掣肘。

洋务派与保守派官僚的争端，造成了清朝政府官僚群体内部的分裂。他们彼此之间的矛盾有时甚至到了水火不容的地步。驻英公使郭嵩焘的个人遭遇更是令人唏嘘不已。起初，清朝政府命郭嵩焘担任中国驻英公使。这在许多人眼中是一件有失体面的事。因此，郭嵩焘的朋友、同僚纷纷劝他推却此事以保全声名。然而他却毅然受命，不仅同乡的"湖南人至耻为伍"，京师文人甚至编了一副对联讽刺他："出乎其类，拔乎其萃，不容于尧舜之世；未能事人，焉能事鬼，何必去父母之邦。"对此，郭嵩焘依然不为所动。

郭嵩焘出使英国，途经香港、新加坡、锡兰等地，游览各地名胜，并参观了学校、官署、监狱等，对各地的政教、军备、民俗有所了解。他将这些见闻结合自己的感受逐日记下,写成《使西纪程》一书,到伦敦后寄回总理衙门刊印。在书中,他指出:"西洋之国,二千年,政教修明,具有本末。与辽金崛起一时,倏盛倏衰,情形绝异。"他对西方国家的文明成果大加赞赏,对中国的现状也有批评。此书一出,立刻招致保守派官僚的猛烈抨击。大学士李鸿藻"大为不平,逢人诋毁"。王闿运说他"殆已中洋毒,无可采者"。李慈铭在《越漫堂日记》中记载道:《使西纪程》"记道里所见,极意夸饰,大率谓其法度修明,仁义兼全,富强未艾,寰海归心……迨此书出,而通商衙门为之刊行,凡有血气者无不切齿……嵩焘之为此言,诚不知是何肺肝,而刻之者又何心也"。翰林院编修何金寿对郭嵩焘大加弹劾:"有二心于英国","大清无此臣子"。在一片谩骂声中,清朝政府下诏申斥郭嵩焘,并将《使西纪程》毁版。此后不久,郭嵩焘即被撤职归乡,在无限愤懑中度过余生。在他死后,李鸿章曾奏请清朝政府为郭嵩焘立传赐谥,竟不准行。义和团运动期间,甚至还有京官提请"戮郭嵩焘之尸以谢天下"。趋新与守旧官僚之间的争斗,竟然发展到如此程度。

洋务运动既得不到中国人的通力合作,日益险恶的外部环境也让这一事业的未来蒙上了阴影。19 世纪下半叶,欧美主要国家进入了新的发展阶段。列强为争夺商品市场、原料产地和资本输出场所,加紧进行疯狂的掠夺和扩张,瓜分世界的争斗逐步升级。待非洲、拉丁美洲被瓜分完毕后,列强开始将目光移至亚洲,中国及其邻国再度成为侵略的主要目标。英国侵略云南、西藏,沙俄入侵新疆,法国吞并越南,趁势侵入云南、广西。正当清朝政府在沿海、内陆边疆与列强周旋、疲于奔命之时,东方近邻日本也开始大肆对外侵略扩张。1874 年,日本出兵台湾,转年又出兵琉球,并于 1879 年将其吞并。与此同时，日本还闯入朝鲜，谋求拥有更多的控制权。其实，早在1864年，李鸿章就预见了日本是中国潜在的威胁。他曾对奕䜣等人说："夫今之日本即明之倭寇也，距西国远而距中国近。我有以自立，则将附丽于我，窥伺西人之短长；我无以自强，则并效尤于彼，分西人之利薮。"不料这一预言后竟应验，成为悲惨的事实。

原典选读

曾国藩《复陈购买外洋船炮折》(节选)①

　　臣查发逆盘踞金陵,蔓延苏、浙、皖、鄂、江西等省。所占傍江各城,为我所必争者,有三:曰金陵,曰安庆,曰芜湖。不傍江各城,为我所必争者,有三:曰苏州,曰庐州,曰宁国。不傍江之处,所用师船,不过舢板、长龙之类。其或支流,小港,岸峻桥多,即舢板小划,尚无所施其技。断不能容火轮船,想在圣明洞鉴之中! 傍江三城,小火轮船,尽可施展。然亦只可制水面之贼。不能剿岸上之贼。即欲阻其北渡,断其接济,亦恐地段太长,难于处处防遏。目下贼氛虽炽,然江面实鲜炮船,不能与我水师争衡。臣去冬复奏一疏,有云:金陵发逆之横行,在陆而不在水。皖吴官军之单薄,亦在陆而不在水。系属实在情形。至恭亲王奕䜣等奏请购买外洋船炮,则为今日救时之第一要务。凡恃己之所有,夸人所无者,世之常情也。忽于所习见,震于所罕见者,亦世之常情也。轮船之速,洋炮之远,在英法则夸其所独有,在中华则震于所罕见。若能陆续购买,据为己物,在中华,则见惯而不惊,在英法亦渐失其所恃。康熙雍正年间,云南铜斤未曾解京之时,皆给照商人,采买海外之洋铜,以资京局之鼓铸。行之数十年,并无流弊。况今日和议既成,中外贸易,有无交通,购买外洋器物,尤属名正言顺。购成之后,访募覃思之士,智巧之匠;始而演习,继而试造。不过一二年,火轮船必为中外官民

---

　　①　李翰章编纂,李鸿章校勘:《足本曾文正公全集・奏稿》卷十四,吉林人民出版社,1995年,第804页。

通行之物,可以剿发逆,可以勤远略。谕旨期于必行,不得畏难苟安,仰见圣主沈几独断,开物成务,曷胜钦服!至于酌配兵丁及统带大员,应俟轮船驶至安庆、汉口时,每船酌留外洋三、四人,令其司柁,司火。其余即配用楚军水师之勇丁学习驾驶,炮位亦令楚勇司放,虽不能遽臻娴熟,尽可渐次教习。其统带大员,即于现在水师镇将中遴选。臣与官文胡林翼商定,届时奏明办理。惟期内地军民,知者尽心,勇者尽力,无不能制之器,无不能演之技。庶几渐摩奋兴,仰副圣主深远无穷之虑!所有遵旨筹议缘由,恭折由驿覆陈,伏乞 皇上圣鉴!训示!谨奏

李鸿章《置办外国铁厂机器折》(节选)①

兹据丁日昌禀称,上海虹口地方,有洋人机器铁厂一座,能修造大小轮船及开花炮洋枪各件,实为洋泾浜外国厂中机器之最大者。前曾问价,该洋商索值之十万洋以外,是以未经议妥。兹有海关通事唐国华历游外国多年,熟习洋匠,本年因案革究,赎罪情急,与同案已革之打手张灿、秦吉等,愿共集资四万两,购成此座铁厂,以赎前愆。厂内一切机器俱精,所有匠目,照旧发价,任凭迁移调度。其余厂中必须之物,如铜铁木料等件,另值银二万两。由该关道筹借款项,给发采买,以资兴造,先行请示前来……此项外国铁厂机器,觅购甚难,机会尤不可失。批饬速行定议,禀候分别具奏。并饬该厂一经收买,即改为江南制造总局,正名辨物,以绝洋人

① 李鸿章:《李鸿章全集》(第一册:奏稿),海南出版社,1997年,第321—323页。

觊觎。其丁日昌及韩殿甲旧有两局,即归并总局,一切事宜,责成该关道丁日昌督察筹画,会同总兵韩殿甲暨素习算造之分发补用同知冯焌光、候选知县王德均、熟谙洋军火之候选直隶州知州沈保靖,一同到局总理。所有出入用款,收发器具,稽查工匠,分派委员数人,各司其事。

......

臣查此项铁厂所有系制器之器,无论何种机器,逐渐依法仿制,即用以制造何种之物。生生不穷,事事可通。目前未能兼及,仍以铸造枪炮,藉充军用为主。月需军费,容臣随时于军需项下通融筹拨。如将来各种军器,仿造洋式造成,取携甚便,即可省购买洋军火之费。上海虹口地方设局,于久远之计,殊不相宜。稍缓当筹款另建房屋,移至金陵沿江偏僻处所,以便就近督察。曾国藩采办西洋机器,俟到沪后,应归并臣处措置。至前次派在丁日昌、韩殿甲两局之护军校达哓阿等四员、京营兵二十名,已饬入厂学习。其尽先参领萨勒哈春、副参领崇喜等,所带弁兵,本在苏州西洋炮局,该局机器与上海铁厂亦自同源,仍可互相观摩。惟此事形下不离形上,与规矩不能与巧,将来各弁兵所得之浅深,恐难以一例绳也。

机器制造一事,为今日御侮之资,自强之本。总理衙门原奏,言之甚详,已在圣明洞鉴之中。抑臣尤有所陈者:洋机器于耕织、刷印、陶植诸器皆能制造,有裨民生日用,原不专为军火而设。妙在借水火之力,以省人物之劳费;仍不外乎机括之牵引,轮齿之相推相压,一动而全体俱动;其形象固显然可见,其理与法亦确然可解。惟其先,华洋隔绝,虽中土机巧之士,莫由凿空而谈。逮其久,风气渐开,凡人心智慧之同,且将自发其覆。臣料数十年后,中国富农大贾必有仿造洋机器制作,以自求利益者,官法无从为之区处。不过铜钱火器之类，仍照向例设禁，其善造枪炮在官人役，当随时设法羁縻耳。

……

臣于军火机器，注意数年。督饬丁日昌留心访求，又数月。今办成此座铁厂，当尽其心力所能及者而为之。日省月试，不决效于旦夕；增高继长，尤有望于方来。庶几取外人之长技，以成中国之长技，不致见绌于相形，斯可有备而无患。此则臣区区愚诚之所觊幸者也……伏乞皇太后皇上圣鉴训示。谨奏

《轮船招商局局规》[①]

一、招股合资置办轮船、起造码头栈房，为装运漕粮及揽载各口客货而设，其资本以一百万两为率，先收五十万两作为一千股，每股五百两。俟生意畅行，船只须加，或按股添资，或另招新股，届时再行集众商办。

一、总局设立上海，名曰轮船招商总局；其各口为分局，如天津名曰轮船招商津局，其他仿此。除中土通商口岸之外，东洋、吕宋、安南、暹罗、各国，将来均可体察生意情形，添设分局以扩充之。

一、选举董事，每百股举一商董，于众董之中推一总董，分派总局各局办事，以三年为期，期满之日公议，或请留，或另举，仍由总局将各董职衔姓名、年岁、籍贯开单，禀请关宪转详大宪存查。

---

① 交通铁道部交通史编纂委员会编：《交通史航政编》（第 1 册），上海民智书局，1931 年，第 143—144 页。

一、商总为总局主政,以一二商董副之。如商总公出,令商董代理,其余商董分派各分局任事,仍归总局调度。商董若不称职,许商总禀请大宪裁撤,另行选举。商总倘不胜任,亦应由各董联名禀请更换。

一、总局分局栈房司事人等,由商总商董挑选精明强干朴实老诚之人,查明来历,取具保结,方可任用。设有差池,惟该董原保是问。其轮船之主、大伙、铁匠、司事、水手人等,归总局选用,仍须查明来历,取具保结,毋得徇情。

一、总局分局逐日应办事宜,应照买卖常规办理,遇有紧要事件,有关局务,以及更改定章,或添置船只、兴造码头栈房诸大端,须邀在股众人集议,择善而行,弗得偏执己见,擅动公款,致招物议。

一、各分局银钱出入数目,按船逐次清厘,开列细账,连应解银两,一并寄交总局核收,每届三个月结小总,一年汇结大总,造册刊印,分送在股诸人存查。平时在局收付诸账,任凭在股诸人随时到局查阅。

一、总局银钱,由商总会同商董选择殷实钱庄存放生息,务宜格外留心,以免疏虞,倘有拖欠短缺,惟经手是问。

一、本局专以轮船漕运载货取利,此外生意,概不与闻。毋论商总董司事人等,均不准藉口营私,任意侵挪,即薪水工食,各按定章,毋得逾越分文,亦不准丝毫挂宕,如有违规,一经察出,立即撤退,并向原保追偿。

一、本国机器局。如有商轮船发给本局领用,应当按船议租。如华商中有轮船托本局经营,照所得水脚每百两扣五两,以充局费。惟海运漕米非本局在股船不装。

一、本局刊立股分票取息手折股,各收一纸,编列号数,填写姓名、籍贯,并详注股份册,以杜洋人借名。其股票息折,由商总商董会同画押,盖用本局关防,以昭凭信。如有将股让出,必须先尽本局,如本局无人承受,方许卖与外人,一经售定,即行到局注册,但不准让与洋人。设遇股票息折遗失,一面到总局挂号,一面刊入日报,庶使大众咸知。俟一月后准其觅保出结,核对补发。

一、本局各账,以每年六月底漕米运竣之后截止总结,凡有股份者定于八月初一日午刻到总局会议,所有官利余润,亦于是日分派。其有在股者,或宦游他省,或经商别处,即将所给息折,或由总局,或至分局核数派付,听随其便。

一、股分人内,或有年老归山,或因修短不测,其亲属人等,欲将股票更换名号,必须先觅殷实之人,赴局出具保结方准。

一、将来生意畅旺,必须添购轮船,增立栈房码头,除官利股息,其余溢之项,公同会议,酌量提留,以充资本。若生意平常,毫无余溢可提,或按旧股多招二成,或另招新股二成。倘仍复清淡,不敷缴费,势须停歇,邀集有股者会议,除官款缴清,按股派回。

京师同文馆同治十一年(1872)岁试英文格物第一名朱格仁试卷(节选)[①]

冬夏之冷暖有别,以图考之,其理若何?

冬夏之冷暖有别,其故有二:一夏日照于顶,其光直下,冬日偏于南,其光斜射;一夏日长,所积之热,较夜间所散之热多,冬日短,所积之热,较夜间所散之热少,此所以冷暖有别也。若以图考之,则更有进。盖地外有气,日光至地,必先

---

① 朱有瓛主编:《中国近代学制史料》(第一辑上册),华东师范大学出版社,1983年,第109—112页。

过气,气虽透光,而略能阻热,故日光直下,则过气处较少,如甲丙,阻热亦少,故暖;日光斜射,则过气处较多,如乙丙,阻热亦多,故冷。

......

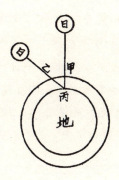

光透物而折改方向,其理若何?

若依光所透之物之平面作一垂线,则可言其折光之方向,大凡光由稀质而入浓质,则折向垂线;由浓质而入稀质,则折离垂线。正弦,如折向正弦之比,如图:甲乙为水面,丙丁为垂线,戊壬为光向,壬己为其折向,庚壬亦为光向,壬辛为其折向,子丑为光向正弦,寅卯为折向正弦,故以卯正弦除子正弦,等于寅正弦除丑正弦,而气中光向正弦,与水中折向正弦之比如四与三之比。则其他可类推矣。

......

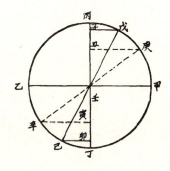

测天远镜二式,其理若何?

测天远镜有二式,一曰回光镜,一曰折光镜。折光镜中有一目镜,有一象镜,凡测一物,象镜仅能生其倒象,而目镜则又能大其象而显之焉。回光镜之制不一,格利高利所制者,内有回光凹镜,如甲乙,中有孔,又有透光凸目镜,如壬,凡测一物,甲乙镜能生庚辛倒象,又被丙丁小镜返照而成戊己正象,有目镜大而显之,则人见一正大之象焉。他如奈端所制者,则以目镜置于筒旁边;又有不用小镜者,要皆大同小异。惟英国伯爵罗斯所制者为最大,其凹镜之径六尺,成影之处,去镜五十四尺,筒径七尺,长五十六尺,重十四吨。

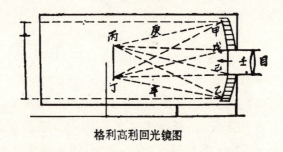

格利高利回光镜图

维新变法:志士仁人的救国思想与实践

　　1894—1895 年间的中日甲午战争,对近代中国社会产生了深刻的影响。军事失败、割地赔款、主权沦丧,既引发了空前严重的民族危机,也促成了中国人求变趋新的文化自觉。仁人志士不甘国族沉沦,渴求救国良策,维新变法思潮遂日渐兴起。1898 年 6—9 月,光绪皇帝在维新派人士与"帝党"官员的辅佐下,开始了变法实践,然而仅持续百余天即惨遭破坏。此次自上而下的政治改良运动虽未成功,却为世人留下了一笔宝贵的历史遗产。近代中国社会更为彻底、激烈的变革,已不可逆转。

甲午战争与近代中国的文化自觉

一、甲午战争与民族危机的加剧

明治维新后，日本逐渐走上现代发展道路，在国力大增的同时，也开始效法欧美列强，筹划对外侵略扩张。日本对亚洲邻国早已垂涎三尺，制定了所谓"大陆政策"，即先期吞并台湾、朝鲜、满蒙等地，进而征服中国全境，称霸亚洲，染指世界。为此，日本大力扩军备战，在侵扰台湾、吞并琉球之后，将贪婪的目光投向了朝鲜，在朝鲜扶植亲日派，排挤清朝政府在朝鲜的势力，并伺机谋求与清朝政府在朝鲜开战，为日后独占朝鲜制造借口，扫清障碍。

1894年春，朝鲜南部爆发"东学党"起义。朝鲜无力平定内乱，请求清朝政府派兵援助。清朝政府遂派兵进驻牙山。

与此同时,日本也以"保护侨民"为名向朝鲜派兵,占领朝鲜首都汉城(今首尔)。面对日本咄咄逼人的态势,李鸿章起初寄希望于英、俄等国的出面调停和干涉。后因调停失败,李鸿章遂派兵进军平壤,又雇英舰"高升号"运兵渡海,增援牙山。7月,日本海军在丰岛海面对"高升号"和护航舰发动突然袭击,挑起中日甲午战争。

由于作战准备不足、军纪十分涣散、指挥调度失误等原因,清朝军队在陆地与海洋两个战场皆难以抵御日军进攻。9月,平壤陷落,战火由朝鲜迅速蔓延至中国境内。不久,中日两国海军又在黄海展开激战,北洋舰队损失惨重。日本军队随后进军中国。至次年3月,辽东半岛全部沦陷,清朝政府被迫求和。李鸿章与日本全权代表伊藤博文、陆奥宗光于日本马关谈判。4月,中日《马关条约》签订。条约规定:中国承认日本对朝鲜的控制;割让辽东半岛、台湾和澎湖列岛;赔偿日本军费2万万两白银;增开沙市、重庆、苏州、杭州4个通商口岸,日本船只可以沿内河驶入以上各口;允许日本在中国通商口岸设立工厂。日本割占辽东半岛的举动,损害了俄国在中国东北的权益。因此,俄国伙同德国和法国,共同对日本施压。日本被迫放弃对辽东半岛的占领,并迫使清朝政府另交3千万两"赎辽费"。

《马关条约》造成了空前严重的民族危机。中国失去大片土地,领土主权进一步丧失。对日巨额赔款,加重了清朝政府的财政危机,也为外国侵略者控制中国创造了条件。条约还规定日本可以在中国投资设厂,并增开通商口岸给予日货运销的特权。西方列强根据"利益均沾"条款,纷纷在华投资设厂,进行资本输出。1895—1900年,外资新办工厂达933家,为甲午战前数十年总和的9倍。此外,西方列强还在华开采矿山、修筑铁路,并将铁路沿线的资源与权益据为己有。更为严重的是,中日甲午战争后,列强开始在华强占租借地、划分势力范围,掀起了瓜分狂潮。德国出兵强租胶州湾,把山东划为其势力范围;俄国"租借"旅顺、大连,把东北划为其势力范围;法国强租广州湾及其附近水面,把云南、广西、广东划为其势力范围;英国强占香港新界,强租威海卫,把长江流域划为其势力范围;日本则以台湾为跳板,并把福建划作势力范围。美国此前忙于同西班牙争夺菲律宾,没有来得及索取势力范围,因而抛出"门户开放"政策,要求各国在华租借地和势力范围都对美国开放。总之,甲午战后,中国进一步丧失主权,面临亡国灭种的危险。

二、民族觉醒与文化自觉

甲午战争给中国造成空前严重的民族危机,同时也唤起了中国人的觉醒。"唤起吾国四千年之大梦,实自甲午一役始也。"战场上败给日本,条约中割地、赔款,激愤之情笼罩全国,仁人志士深受震撼,逐渐警醒。面对日益恶化的时局,有识之士敏锐地感觉到救亡图存迫在眉睫,"求变"思想逐渐成为一种超越政治派别的共识。"甲午丧师,举国震动,年少气盛之士,疾首扼腕言'维新变法',而疆吏若李鸿章、张之洞辈,亦稍稍和之。"

尽管受到沉重打击,洋务运动却并未在甲午战后走向终结。各地洋务企业开始恢复重建,并取得了不少新进展。铁路、电报、航运、练兵、学堂等也得到了进一步的成长。此外,战争给中国社会带来的另一个显著变化,即中国人学习日本的风气逐渐形成。效法"东洋",被时人视为学习西方、拯救国难的捷径,中日两国在历史上的"师生"关系迅速发生逆转。东文学堂、赴日留学,以及日文书籍的译介活动纷纷出现。1896—1911 年,中国翻译的日文书籍达千种之多,远超此前翻译西文书籍的总和,而社会科学、史地类书籍较之自然科学书籍所占比重明显增多。大量由日本人在翻译西书时创造,或借鉴中国典籍而派生的新名词开始传入中国。日译新名词对汉语的丰富,以及中国人社会观念、思维习惯等方面的革新产生了深远的影响。许多使用至今的日常词汇,如"社会"、"阶级"、"科学"、"自然"、"干部"等,皆为日译新名词。

随着西学的不断输入与甲午战后形势的刺激,洋务运动也不可避免地受到趋新人士的质疑:"知有兵事而不知有民政,知有外交而不知有内治,知有朝廷而不知有国民,知有洋务而不知有国务,以为吾中国之政教风俗无一不优于他国,所不及者惟枪耳、炮耳、船耳、机器耳。吾但学此,而洋务之能事毕矣。"自19世纪70年代以来,以王韬、薛福成、郑观应、陈炽、何启等人为代表的维新思想家著书立说,倡言革新政治、发展资本主义工商业,主张进行更为彻底、深入的改革。在他们看来,洋务派对列强的学习只是"徒袭皮毛",并不了解西方富强的原因不在洋枪洋炮,而在于先进的政治经济体制。如郑观应所说:"其治乱之源,富强之本,不尽在船坚炮利,而在议院上下同心,教养得法。兴学校,广书院,重技艺,别考课,使人尽其才。讲农学,利水道,化瘠土为良田,使地尽其利。造铁路,设电线,薄税敛,保商务,使物畅其流。凡司其事者,必素精其事。为文官者必出自仕学院,为武官者必出自武学堂。有升迁而无更调,各擅所长,名副其实。与我国取士之法不同……育才于学校,论政于议院,君民一体,上下同心,务实而戒虚,谋定而后动,此其体也;轮船、火炮、洋枪、水雷、铁路、电线,此其用也。中国遗其体而求其用,无论竭蹶步趋,常不相及,就令铁舰成行,铁路四达,果足恃欤!"及至中日甲午战后,维新派人士终于将改良思想演变为一场激烈的政治运动。

维新思潮在甲午战后的异军突起，同基督教会人士的宣传、鼓动不无关系。其中，广学会（The Christian Literature Society for China）和李提摩太（Timothy Richard）所发挥的作用尤为突出。广学会是近代中国存在时间最长、社会影响最大的基督教出版机构之一，前身是 1887 年由韦廉臣在上海创办的"同文书会"。1889 年，广学会成立董事会，推举海关总税务司赫德为总理，韦廉臣为督办负责日常工作。起初，广学会的出版偏重宗教。1892 年，英国传教士李提摩太接任督办，重在传播西学，目标人群是清朝政府的上层官员，借鼓吹维新变法思想，改变中国政治格局。

甲午战争前后，广学会出版的各类书刊充满批评时政、鼓吹变法的内容，对维新思潮的兴起产生推动作用。在出版的书籍中，以李提摩太译介的《泰西新史揽要》和林乐知编译的《中东战纪本末》影响较大。前者讲述了 19 世纪欧美各国的文明演进历程；后者则是甲午战争的资料、评论汇编，并借此提出对策，受到中国趋新人士的普遍欢迎。在报刊中，以《万国公报》（The Review of the Times）发行、影响最广。该报的前身是 1868 年林乐知在上海创办的《中国教会新报》（The Church News）。1889 年，《万国公报》成为广学会的机关报，逐渐演变成以介绍西学、发表政论和鼓吹变法为主的综合性报刊。

广学会采取赠送出版物、设立代销处、举办征文活动等方式，提升出版物的发行量与影响力。该学会重视社会传播，不仅形成了以上海为中心，向沿海、沿江及内地推进的传播网格，而且还利用科举考试的机会，向全国年轻士子广泛散发书刊。此外，李提摩太等人还广泛结交清朝政府上层官员和维新派人士，同洋务大员李鸿章、张之洞和维新派康有为、梁启超等人交往甚密，直接向他们宣传变法主张，收到不小成效；康有为、梁启超都是《万国公报》的忠实读者，而康有为也承认自己的维新主张受到了李提摩太和林乐知著作的影响；总理衙门时常订阅《万国公报》，并多次接受广学会的赠书，光绪皇帝甚至也曾购阅89种广学会书籍和《万国公报》。可以说，广学会刊物是趋新人士了解西方思想与文化的窗口，为变法实践活动提供了精神食粮，奠定了思想基础。

　　在维新思潮蔚然成风之际，革命派悄然登上历史舞台。民主革命的先驱者孙中山早年在檀香山和香港读书，思想观念较为开放。1894年，孙中山上书李鸿章，提出"人能尽其才、地能尽其利、物能尽其用、货能畅其流"的改革主张，未被采用，遂走上革命道路。该年11月，孙中山等人在檀香山建立革命团体兴中会，提出"驱除鞑虏，恢复中华，创立合众政府"的主张。此后，兴中会开始向爱国侨胞募集资金，准备起义。1895年，孙中山等人在广州密谋起义，不幸计划泄露，孙中山流亡日本。尽管此时革命派的影响力相对较小，但广大爱国志士毕竟在改良与革命道路的选择上出现了分歧。

维新运动的兴起与戊戌变法

一、康有为与维新运动的崛起

甲午战争前后维新运动的迅速成长,离不开康有为师生的努力。值此国难当头、传统学问"闹饥荒"、西学大量涌入的年代,他们从传统文化与西方学说中汲取养分,创造出一种"不中不西、即中即西"的新学派,引领时代的潮流。

康有为(1858—1927),字广厦,号长素,广东南海人。青年时代曾研究经世之学,对西学也有初步了解。1888 年,康有为利用在北京参加顺天乡试的机会,第一次向光绪皇帝上书,提出"变成法,通下情,慎左右"的改革主张。尽管国子监官员拒绝将他的上书转呈皇帝,但其内容已在京城传播开去。1890 年,康有为回到广东,结识今文经学家廖平,开始钻研今文经学,用以议论时政。此后,康有为在广州创设"万木草堂",收徒讲学,大力培养维新变法人才。万木草堂不同于旧式书院,学生不分班,亦不进行严格考试。学生所读之书,除中国古籍外,还有西学著述百数种。至 1894 年,学生已达100 多人,陈千秋、梁启超、麦孟华、麦仲华、徐勤等人先后师从康有为,接受其耳提面命。

康有为除以新法讲学外,还挑选根底较好的弟子协助编撰著述,其代表作有《新学伪经考》和《孔子改制考》,震撼了思想界和学术界。《新学伪经考》初刊于 1891 年。此书论证了东汉以来被历代统治者奉为经典的古文经书都是"伪经",是刘歆为迎合王莽篡汉制造舆论而伪造出来的,对古文经学的正统地位提出挑战。《孔子改制考》于 1891 年开始撰写，1898 年刊行。该书指出，传统儒家经典"六经"都是孔子假托先王言行所作，其目的在于"托古改制"，实现社会改革。康有为还采用公羊学派的"三世"学说，并糅合西方进化论思想，阐明历史发展的趋势，认为人类社会将沿着据乱世、升平世、太平世的方式演进，而与"三世"相适应的政体分别为君主专制、君主立宪制和民主共和制。尽管在学理上，这两部书的论断多有牵强附会、违背事实之处，不过康有为著书的主要目的，在于服务现实政治。无论是驳斥古文经学、打击保守派陈旧的思想观念，还是将孔子塑造为变法改制的先驱，都是为了维新思想的宣传，为改良运动减少阻力、扫清障碍。

1895 年 4 月，康有为赴北京参加会试，听到中日两国即将签署《马关条约》的消息。康有为随即联合各省举人发动"公车上书"。康有为请求光绪皇帝："下诏鼓天下之气，迁都定天下之本，练兵强天下之势，变法成天下之治。"其请求具体内容有：光绪皇帝下诏罪己，处分丧权辱国的大臣；迁都西安，整军再战；将对日赔款移作军费，加紧练兵；效法西方，发愤变法，推行"富国"、"养民"、"教民"之法。此外，他还提议设立"议郎"，由士民公举充任，职责是"上驳诏书，下达民词"，参与讨论大政方针。5—6 月间，康有为又单独第三次、第四次向光绪皇帝上书，公开提出"设议院以通下情"的主张。由于保守派的阻挠，只有第三次的上书到了光绪皇手中。康有为的变法主张因为受到光绪皇帝和帝党官僚的重视，名声大噪，成为维新运动的领袖人物。"公车上书"开创了近代知识分子以群体力量参与政治活动的先河，产生了广泛而深远的影响，维新思想逐渐发展成爱国救亡的政治运动。

二、维新运动的持续高涨

"公车上书"虽未能如愿,却拉开了维新变法的大幕。为聚集改革力量、宣传变法主张,维新人士在各地成立学会组织、创办报刊,推动维新事业的发展。

1. 开民智:学会与报刊的创办

维新派创立的学会组织,最早出现于北京、上海两地。1895 年 11 月至 12 月,在康有为、梁启超等人的努力下,北京、上海强学会依次成立。大体上看,强学会是维新派和清朝亲光绪皇帝的帝党官僚相结合的政治团体,组成人员十分复杂,既有康有为、梁启超、麦孟华、文廷式、沈曾植、杨锐等维新人士,也有袁世凯、李鸿藻、张之洞等立场暧昧的清朝政府高级官僚。由于成员新旧混杂、政见不一,在保守势力的干涉下,北京、上海两地的强学会转年被迫解散。强学会虽转瞬即逝,但"兴学会"的社会风气逐渐浓厚,学会在各地纷纷成立。据统计,1895—1898 年,全国成立的学会约有 70 余个,遍布 13 省 30 多个城市。学会的性质主要分为 3 种类型:一是以政治性为主,如强学会、南学会、保国会、保川会、保滇会等;二是以学术性为主,如农学会、质学会、算学会等;三是以改革社会习俗为主,如不缠足会、戒鸦片烟会等。学会组织的出现,打破了传统时代"君子不党"的藩篱,是近代中国社团组织的滥觞,也是近代中国政党的雏形。

在依托学会合群聚势的同时,维新派也大力创办新式报刊,向民众宣传变法思想。早在 1895 年 8 月,康有为于北京筹建强学会时,即接受陈炽的提议,创办《万国公报》。该报的名称与上海广学会机关刊物同名,康有为等人借此扩大影响,由梁启超和麦孟华主笔。1898 年 12 月,《万国公报》改名《中外纪闻》,主笔改为梁启超和汪大燮。《中外纪闻》注重对西方现代国家政治、经济状况的介绍,宣传西学、鼓吹维新,每期出版后,随专载诏书与奏章的《邸报》免费发送给在京官员,仅出版 18 期即被查封。上海强学会的机关报《强学报》,自 1896 年 1 月出版仅 10 余天,就因强学会的解散而停刊。

维新派虽然遇到了暂时的困难和挫折,但是并不气馁。1896 年 8 月,汪康年、黄遵宪在上海创办《时务报》,梁启超担任主笔。梁启超在该报上发表大量政论文章,鼓吹变法,代表作品有《变法通议》等。他的文章观点新颖,文字通俗,具有超强的说服力与感染力,在海内外风行一时。数月之间,《时务报》发行量达到 1 万多份,遍布全国 70 个县市。梁启超名声大震,得以与康有为并称“康梁”。此后三四年间,各地报刊次第出现,遍及福州、上海、天津、苏州、无锡、杭州、温州、长沙、成都、重庆、太原、桂林、广州、南昌等地,约有 40 多种。这些报刊在传播西学、宣传变法、唤起中国人忧患意识及爱国意识等方面,皆有所贡献。

2. 维新运动的区域特色

除北京、上海之外,维新运动在天津、湖南等地也开展得有声有色,呈现出鲜明的区域特色。

天津维新运动的代表人物,首推严复。严复(1854—1921),字又陵,又字几道,福建侯官人。早年肄业于福州船政学堂,后赴英留学,对西方现代的经济、文化和社会制度比较了解。中日甲午战后,他在天津的《直报》上连续发表《论世变之亟》、《原强》、《辟韩》及《救亡决论》等政论文章,批判专制主义,宣传变法思想。他认为,中国已经到了非常紧急的时刻,要顺应时代发展,就要求变,此为历史的必然趋势。变法图强即是要学习西方,鼓民力、开民智、新民德,提倡西学、实行君主立宪。“今日之政,于除旧,宜去其害民之智、德、力者;于布新,宜立其益民之智、德、力者。以此为经,而以格致所得之实理真知为纬。本既如是,标亦从之。本所以期百年之盛大,标所以救今日之阽危。"

严复在维新运动期间最突出的文化贡献,就是将进化论等西方哲学和社会科学的思想学说介绍到中国,在思想界引起了强烈的反响。1895 年,严复开始着手翻译英国博物学家赫胥黎(Thomas Huxley)《进化论与伦理学》一书的部分内容,并融合了达尔文(Charles Robert Darwin)、斯宾塞(Herbert Spencer)和自己的一些理解。1897 年 12 月,《天演论》首刊于天津的《国闻汇编》上,次年 4 月正式出版。《天演论》宣传生物是进化的,而不是一成不变的;进化的原因,是"物竞"和"天择"。"物竞"即生存竞争,"天择"即自然淘汰。严复借此联系中国社会现实,警告世人,中国若不振作自强,就将亡国灭种,号召人们为国族存续而奋力竞争,转弱为强。在自序和按语中,严复反复强调"自强保种"、"合群进化"的理念,号召国人效法西方人自治、合群之道。"人欲图存,必用其才力心思……负者日退,而胜者日昌。胜者非他,智德力三者皆大是耳";"天演之事,将使能群者存,不群者灭;善群者存,不善群者灭"。他还坚信"世道必进,后胜于今"。《天演论》为中国国势的衰颓做出了某种看似合理的解释,在向世人发布警示的同时,也提供了殷切的希望,因而受到不少知识分子的追捧。此书尚未刊布,稿本即已在维新派人士中争相传阅。进化论不仅深刻地影响了康有为、梁启超等维新人士的思想,还影响了几代中国人。至 20 世纪,"物竞天择"、"优胜劣汰"、"适者生存"等词充斥报刊,成为人们的口头禅。可以说,直到马克思主义和毛泽东思想确立主导地位之前,它一直是占据主导地位的思想学说之一。

除此之外,严复还在天津创办报纸,宣传维新思想。1897 年 10 月,他与王修植、夏曾佑等维新人士创办《国闻报》

（日报），另主持《国闻汇编》（旬刊）出版。两份报刊各有特色，如严复所说："日报则仅详北数省之事，旬报则博采中西之闻。"严复等人以西法办报，颇有成效。《国闻报》成为与上海《时务报》齐名的重要报纸，而天津也成为中国北方宣传维新思想的舆论重镇。

而原本身处中国内地、知识界普遍较为保守的湖南地区，此时则聚集了谭嗣同、唐才常、樊锥、皮锡瑞等一批维新志士，同时也得到了巡抚陈宝箴，署按察使黄遵宪，学政江标、徐仁铸等地方官员的支持。湖南的社会风气为之一变，成为了维新运动中最活跃的省份。

1897 年 4 月，江标、唐才常等人创办《湘学报》，鼓吹维新变法思想。10 月，湖南时务学堂成立，陈宝箴命熊希龄为提调，请梁启超、李维格为中西学总教习。诸生入堂，一面讲学，一面论政，出现了不少新式人才。此外，湖南地方官员还在整顿吏治、奖励实业、创立警察制度等方面有所作为。翌年初，谭嗣同、唐才常在长沙成立南学会，3 月又办有《湘报》日刊。时务学堂、南学会和《湘报》相辅相成，共同推动着湖南的维新运动向纵深发展。

该地区维新派的重要代表人物，当属谭嗣同。谭嗣同（1865—1898），字复生，号壮飞，湖南浏阳人，湖北巡抚谭继洵之子，善文章、好任侠，亦善拳击和剑术。中国甲午战败，谭嗣同受到极大刺激，决心弃旧图新。1896 年夏，他游历北京、天津、上海、南京等地，体恤民间疾苦，结识梁启超、严复、文廷式、翁同龢等维新人士和帝党官员，开始投身变法活动，撰文阐发其变法主张。1897 年 1 月，谭嗣同写成 5 万余言的《仁学》，集中表达哲学观点和社会政治思想。他认为"仁为天地万物之源"，因而称自己的哲学为"仁学"，主张学习西方的自然科学知识和社会政治学说；消除"君民相隔"的状况，实行资本主义民主制度;要求男女平等,废缠足、兴女学。谭嗣同痛言数千年来三纲五伦的"惨祸烈毒",指责君主专制政治是强盗政治,号召人们"冲决网罗":"网罗重重,与虚空而无极。初当冲决利禄之网罗,次冲决俗学若考据、若词章之网罗,次冲决全球群学之网罗,次冲决君主之网罗,次冲决伦常之网罗,次冲决天之网罗,次冲决全球群教之网罗,终将冲决佛法之网罗。"谭嗣同对君主专制的批判,言辞较为激烈,带有几分超前意识。

然而,维新事业在湖南地区的发展,也招致了一批名士的反对。梁启超、谭嗣同等人依托学堂、学会和报刊媒体,积极讲授、宣传康有为的变法学说,引起了湖广总督张之洞及名儒王先谦、叶德辉等人的不满。如梁启超所言:"当时我在我主办的上海《时务报》和长沙时务学堂里头猛烈宣传,惊动了一位老名士而做阔官的张香涛,纠率许多汉学宋学先生们著许多书和我们争辩。学术上新旧之斗,不久便牵连到政局。"事实上,张、王、叶等人并非泥古不化的保守派人士,他们攻击的主要目标乃是所谓的"康学",即康有为的"改制考"、"伪经考",以及维新派宣扬的民权论等等。叶德辉编《翼教丛编》数十万言,"将康有为所著书、启超所批学生札记,及《时务报》、《湘报》、《湘学报》诸论文,逐条痛斥",指责康有为"假素王之名号,行张角之密谋"。康有为在学术上作伪、曲解和断章取义的诸多弊端暴露无遗,其学说也因这种不良的学风难以得到士人的普遍支持。多年后,梁启超也坦诚地批评其师道:"有为以好博好异之故,往往不惜抹杀证据或曲解证据,以犯科学家之大忌";"启超自三十以后,已绝口不谈《伪经》,亦不甚谈《改制》"。

三、从"百日维新"到戊戌政变

1897 年 11 月,德国出兵强占胶州湾。在民族危机日益严重的情况下,维新运动迅速发展。12 月,康有为从上海赶到北京,慨然写就《上清帝第五书》,希望光绪皇帝发愤图强,"明定国是"。在保守派的阻挠下,这封上书依然没有呈递到光绪皇帝的手中,但因其内容痛切,在北京官员和士大夫中辗转传抄,天津、上海的报纸也公开刊载,因此流传颇广,影响甚大。因为上书再度受阻,万般无奈的康有为准备南归,此时却受到帝党领袖——光绪皇帝的老师、户部尚书翁同龢等人的挽留,并向光绪皇帝代为举荐。奕䜣以"本朝成例,非四品以上官不得召见"为由予以反对,光绪皇帝只好命总理衙门大臣传见。1898 年 1 月 24 日下午,李鸿章、翁同龢、荣禄、廖寿恒、张荫桓等传见了康有为。康有为详细阐述了变法思想,包括变法的必要性和具体的变革措施,并主张仿效日本明治维新的办法,批驳荣禄等人对变法的责难。此次谈话在《康南海自编年谱》中有较为详细的记录:

> 荣禄曰:"祖宗之法不能变。"我答之曰:"祖宗之法,以治祖宗之地也,今祖宗之地不能守,何有于祖宗之法乎?即如此地为外交之署,亦非祖宗之法所有也。因时制宜,诚非得已。"
>
> 廖问:宜如何变法?答曰:"宜变法律,官制为先。"
>
> 李曰:"然则六部尽撤,则例尽弃乎?"答以:"今为列国并立之时,非复一统之世,今之法律官制,皆一统之法,弱亡中国,皆此物也,诚宜尽撤,即一时不能尽去,亦当斟酌改定,新政乃可推行。"
>
> 翁问筹款,则答以:"日本之银行纸币,法国印花,印

度田税,以中国之大,若制度既变,可比今十倍。"

翁同龢对康有为的学识深表赞赏,光绪皇帝闻之也十分兴奋,命康有为书面奏陈变法建议,并进呈他撰写的《日本变政考》和《俄大彼得变政记》两书,同时传谕总理衙门,康有为的条陈须即日进呈。康有为从此取得了直接上书皇帝的权力,为维新变法铺平了道路。同时,康有为的思想也发生了一些变化,不再提开国会、设议院的主张,转而希望皇帝能够"乾纲独断,以君权雷厉风行",将希望寄托在光绪皇帝身上。

不久,康有为又撰写了《上清帝第六书》即《应诏统筹全局折》。这是康有为深思熟虑后提出的纲领性文件。他结合日本、俄国、印度、土耳其等国家的历史详细阐明变法的必要性,建议仿效日本,变法自强。他督促光绪皇帝大誓群臣,明确宣布变法;在内廷设立制度局,制定、颁行新政,下设法律、度支、学校等 12 个局,为执行部门,并将这一制度推及地方政府机构;设立上书所,允许天下百姓上书,借此发现人才,予以擢用。康有为的官制改革方案,借鉴了西方资本主义国家三权分立的原则,制度局是立法机关,12 局是行政机关。他抛开军机处、总理衙门及六部,另立一套全新的官制的做法,意在排除干扰,变法维新,表达了急欲参政的愿望。6 月 11 日,光绪皇帝召集军机大臣会议,颁发《明定国是》诏,宣布开始维新。他陆续发布 100 多道新政上谕,除旧布新,推行新政,维新运动由此进入高潮。

新政的主要内容,涉及政治、经济、文化教育、军事等方面:

政治上,裁撤闲散机构,广开言路和招揽人才。裁撤冗滥的中央和地方机构,将其事务并入其他机构;命大小臣工各抒说论,以备采择,并允许一般士民上书言事,不得压制阻挠;诏各省督抚访查"通达时务,勤政爱民之员",随时保送引见,并命大臣选择侨民中之著名可用者征送回国,以备任使;开懋勤殿以议新政。

经济上,发布了一系列振兴农工商业、发展资本主义的政策措施。保护农工商业,在京师设立农工商总局,各省设立分局,切实开垦荒地;提倡开办实业,在京师设立铁路矿务总局,修筑铁路,开采矿产;奖励士民创制新法,准其专利售卖;有能开辟地利、兴造枪炮厂者给予特赏,并颁布《振兴工艺给奖章程》12 款;改革财政,政府编制国家预算决算;设立全国邮政局,裁撤驿站等等。

文化教育上,废除八股文和兴办新式教育。改革科举制度,废除八股,改试策论,一切考试均以讲求实学、实政为主,废除朝考,开经济特科;建立新式学堂,提倡西学,在北京设立京师大学堂,改各地书院为兼学中西的学堂,命各省兴办中小学堂,命筹设铁路、矿务、农务、工、商、医、海军及茶务、蚕桑等专业学堂,并鼓励士民和华侨创办学堂;设立译书局、编译学堂以译西书;允许自由设立报馆和学会,并派人出国留学和游历。

军事上,裁汰旧军、编练新军。命各省切实裁汰旧军,编练新军,军队改习洋操,采用西洋兵制;添设海军,各省举办团练,力行保甲制度。

这些上谕,反映了光绪皇帝变法图强的决心。在推行变法的过程中,光绪皇帝不仅呵斥、革除了一批守旧官僚,还在倚仗康、梁之余,特授杨锐、刘光第、林旭、谭嗣同四品卿衔,担任军机章京,时称"军机四卿",维新人士的政治地位迅速蹿升。

维新运动毕竟是在民族危机迫在眉睫的情况下仓促发动的。作为一场较大规模的改革运动,它遭到了恪守祖制的保守派和既得利益者的反对。在保守阵营的百般阻挠下,绝大多数的新政成为具文,无法付诸实施。更严重的是,随着维新运动的开展,朝廷内部新旧两派、帝后两党的斗争愈发激烈:倾向变法的帝党官员与维新派合流,而反对改革的保守派和洋务派官员则聚集在以慈禧太后为中心的后党旗帜下,新旧斗争和帝后党争交织在一起。光绪皇帝此时虽早已亲政,但实权仍然掌握在慈禧太后手中。有感于维新派对自身权力的威胁,她开始着手控制北京、天津地区的军政大权,伺机绞杀变法。9月21日,慈禧太后发动政变,宣布训政,将光绪皇帝软禁,逮捕维新派。康有为、梁启超在西方人士的帮助下流亡海外。谭嗣同却拒绝出走,慷慨激昂地表示:“各国变法,无不从流血而成,今中国未闻有因变法而流血者,此国之所以不昌也。有之,请自嗣同始。”25日,谭嗣同被捕入狱,他在狱中的墙壁上题诗:“望门投止思张俭,忍死须臾待杜根。我自横刀向天笑,去留肝胆两昆仑。”28日,清朝政府将谭嗣同、康广仁、杨深秀、林旭、杨锐和刘光第等6人杀害,史称“戊戌六君子”。谭嗣同在就义前大呼:“有心杀贼,无力回天,死得其所,快哉!快哉!”此后,支持变法的官员张荫桓等人被放逐新疆,徐致靖、张元济、宋伯鲁等人也被革职。农工商局被废除,士民上书旋被禁止,报馆、会社遭到查封,冗官闲衙也渐次恢复,绝大多数的新政措施被推翻,维新运动宣告失败。

维新变法的历史遗产

一、维新运动失败的原因

戊戌变法旋起旋灭,为后世史家所论及,见仁见智,不一而足。民国时期,一些学者将变法失败归咎于光绪皇帝的软弱,或是康、梁等维新派的书生意气。如萧一山就提出:"政变之总原因,盖出于光绪帝之怯懦,无权无勇,积威所施,不克自拔,慈禧以玩偶视之,一有异动,则随其喜怒而置焉!"陈恭禄则认为:"康梁之徒,欲以最短期内铲除千余年之积弊,俾中国欲为强国。梁启超述其师语曰:'守旧不可,必当变法;缓变不可,必当速变;小变不可,必当大变。'其视事也,若此之易,实无政治上之经验……而康梁诸人不知环境之阻力,偏于理想,多招忌妒,终则一无所成,其人固无经验之书生也。"

由此可见,人们更多地将维新运动失败的责任归于这场运动的领导者,强调其自身的缺陷与不足,虽有一定的合理性,但也存在某些偏失。事实上,维新派并不是一个同质性的政治派别,其内部亦有激进与稳健等不同类型的人物存在。激进派以康有为、梁启超师生为代表,其变法理念糅合传统经学与西方学说而成,不仅保守派嗤之以鼻,也不为维新派全部接受和认可。在具体的变法方式上,他们主张依靠光绪皇帝,自上而下迅速推行全面改革。为求得光绪皇帝的支持,甚至可以放弃一些政治诉求。稳健派则以严复、汪康年等人为代表,主张自下而上改造国民素质,培育其自由意识和自治能力，然后再徐图国家政治的完善，达到变法图强的最终目标。与激进派热衷于政治运动不同，稳健派大多在文化教育领域倾注了更多的精力。两派意见分歧的核心，在于"改政制"与"开民智"的次序问题。可惜的是，维新运动始终没能走出这样一种自相矛盾的境地：救亡图存刻不容缓，然而激烈的改革容易招致多方反对，归于失败；温和的下层启蒙路线，看似更加安全稳妥，却难以速收成效。

在康有为及其支持者取得光绪皇帝的信任，维新运动深入发展之时，其传统文人结党营私的弊端也愈发显露，维新派阵营最终分裂。戊戌政变发生后，一些支持变法的官僚、士绅在总结失败教训时，不约而同地将矛头指向康有为等人。如严复在写给张元济的信中说："平心而论，中国时局果使不可挽回，未必非对山（康有为）等人之罪过也。轻举妄动，虑事不周，上负其君，下累其友，康、梁辈虽啄三尺，未由解此十六字考注语；况杂以营私揽权之意，则其罪愈上通于天矣。"就连康有为的弟弟康广仁也曾感慨："伯兄规模太广，志气太锐，包揽太多，同志太孤，举行太大，当此排者、忌者、挤者、谤者盈衢塞巷，而上又无权，安能有成？"新中国成立后，在革命史观的影响下，学者对戊戌变法多有批评，其中就包括维新派"脱离人民群众"。今日观之，此言也并非全无道理。实际上，维新派中的激进者又岂止是脱离民众呢？

当然，变法失败的根本原因，在于社会的险恶，没有为变法营造出适宜的环境。维新思潮的迸发始于列强侵略的刺激，数年之间即转变为疾风暴雨式的政治运动。然而，无论是社会精英还是普通民众都没有对这种变革做好足够的思想准备。支持变法的势力过于弱小，而反对阵营又异常强大。戊戌变法中道流产，也在所难免。

尽管如此，维新运动依然保有无可替代的历史地位，为世人留下了丰厚的文化遗产。变法运动是中国人追求中国全面现代化的初次尝试,也是中国政治现代化的先导;它既是一场政治运动,也是一场思想启蒙运动。变法期间,维新派通过办报刊、学会和学堂,大量传播西方近代自然科学和社会科学知识,介绍西方的自由、平等学说,抨击君主专制制度,鼓吹"兴民权"、"开议院"、"君民共主",建立君主立宪制度,废除八股取士的科举制度,打开了人们的眼界,促进了西学的传播,为后人接受新思想扫除了一些障碍。维新运动的意义,还在于它点燃了爱国、变法的火炬,召唤着一代志士仁人,为救国救民的真理而献身。此外,维新运动的合理性,在此后的历史中被不断证明。变法失败后,仍有部分新政举措在后来的清末新政中实施出来。20世纪初,清王朝的统治风雨飘摇,被迫实行新政,许多戊戌变法期间提出的主张陆续付诸实践,有的甚至超出了当年的水准。从这个意义上看,戊戌变法又不能说完全失败了。

二、戊戌变法失败后的中国社会

戊戌政变后,慈禧太后不仅囚禁光绪皇帝,而且还要另立新帝。她声称光绪皇帝"身体有恙",以此试探外界的反应。戊戌变法期间,西方列强已将光绪皇帝和维新派视作开明、亲西方的代表。戊戌政变之后,西方列强担心清朝政府重回保守、排外的故态,因而各国公使无不对光绪皇帝的健康表示关心,纷纷要派医生前往探视。法国医生在诊视之后,宣布光绪皇帝并未生病。与此同时,列强的报刊媒体和军队也公开声援光绪皇帝,频频向慈禧太后施压,英、日两国还掩护康、梁流亡日本。

尽管饱受质疑,慈禧太后依然在废立问题上我行我素。1900年1月,她召集王公大臣于仪鸾殿,出示了一道由光绪皇帝签署的"上谕",宣布立端郡王载漪之子溥儁为"大阿哥",将来承继大统,是为"己亥建储"。慈禧太后立储之事传出后,立即招致各方强烈抗议。上海、湖北官绅以及南洋、美国海外华侨,先后公开表示反对。各国公使也扬言"干预",拒不致贺,一致反对光绪皇帝让位。慈禧太后的"废帝立储"计划,在国内外一片反对声中化为泡影。

戊戌政变所带来的直接后果,是清朝政府内部的保守派重新得势。维新变法时期,以汉人为主的维新派在朝内迅速崛起,一些保守的满洲贵族对此深表忧虑,十分恐慌。他们将变法视为汉人的"阴谋",军机大臣刚毅曾言:"改革者,汉人之利也,而满人之害也。设吾有为,宁赠友邦,勿与家奴。"满族统治者不但拒绝改革,还让向来敏感的满汉关系蒙上一层阴影。由于在废立问题上,各方列强处处与慈禧太后公开作对,这令她对洋人更加心怀不满。义和团运动爆发后,她决定利用民众的爱国之心,贸然向列强"宣战",最终酿成更大的惨剧。

另一方面,流亡海外的维新人士不甘心变法失败,在海外到处奔走,举起"保皇"、"勤王"的义旗。1899年7月,康有为在华侨的支持下,在加拿大成立保皇会(又名中国维新会),以保救光绪皇帝、排除慈禧太后及荣禄等保守派为宗旨,准备起兵勤王。经康、梁多方努力,保皇会遍布五大洲170余埠,拥有数十万会众。同年冬,与革命党人有些交往的唐才常回到上海组织"正气会",1900年春改名"自立会",并联合长江中下游会党组建"自立军"武装,准备"讨贼勤王"。该年8月,自立军数十万人发动起义,旋即被张之洞镇压,唐才常被捕就义,自立军起义失败。

前有"六君子"喋血,后有唐才常捐躯,眼见挚友接连被杀,年轻的梁启超甚为悲愤,大力鼓吹"破坏主义",宣称"今日以讨满为最适宜之主义",号召人们用武力推翻清朝政府的统治,其言论与革命派相去不远。历经顿挫之后,部分激进的维新人士对腐朽的清朝政府不再抱有幻想,转而加入革命阵营,壮大了革命派的声势。可以说,维新变法运动的失败,也在客观上加速了中国革命事业的进程。越来越多的爱国志士幡然醒悟:既然清朝政府不可信赖,那便以武力将其消灭,为变法图强事业扫除障碍。

原典选读

严复《原强修订稿》(节选)①

今之扼腕奋肹，讲西学、谈洋务者，亦知近五十年来，西人所孜孜勤求，近之可以保身治生，远之可以经国利民之一大事乎？

达尔文者，英之讲动植之学者也。承其家学，少之时，周历寰瀛。凡殊品诡质之草木禽鱼，袤集甚富。穷精眇虑，垂数十年，而著一书，曰《物种探原》。自其书出，欧美二洲几于家有其书，而泰西之学术政教，一时斐变……其书之二篇为尤著，西洋缀闻之士，皆能言之，谈理之家，撷为口实，其一篇曰物竞，又其一曰天择。物竞者，物争自存也；天择者，存其宜种也。意谓民物于世，樊然并生，同食天地自然之利矣。然与接为构，民民物物，各争有以自存。其始也，种与种争，群与群争，弱者常为强肉，愚者常为智役。及其有以自存而遗种也，则必强忍魁桀，趫捷巧慧，而与其一时之天时地利人事最其相宜者也……动植如此，民人亦然。民人者，固动物之类也，达氏总有生之物，标其宗旨，论其大凡如此……此所谓以天演之学言生物之道者也。

斯宾塞尔者，亦英产也，与达氏同时。其书于达氏之《物种探原》为早出，则宗天演之术，以大阐人伦治化之事。号其学曰"群学"，犹荀卿言人之贵于禽兽者，以其能群也，故曰"群学"。夫民相生相养，易事通功，推以至于刑政礼乐之大，皆自能群之性以生……

---

① 王栻主编：《严复集》(第1册)，中华书局，1986年，第15—23页。

　　斯宾塞尔全书而外，杂著无虑数十篇，而《明民论》、《劝学篇》二者为最著。《明民论》者，言教人之术也。《劝学篇》者，勉人治群学之书也。其教人也，以瀹智慧、练体力、厉德行三者为之纲……欲明生生之机，则必治生学；欲知感应之妙，则必治心学，夫而后乃可以及群学也。且一群之成，其体用功能，无异生物之一体，小大虽异，官治相准。知吾身之所生，则知群之所以立矣；知寿命之所以弥永，则知国脉之所以灵长矣。一身之内，形神相资；一群之中，力德相备。身贵自由，国贵自主。生之与群，相似如此。此其故无他，二者皆有官之品而已矣。故学问之事，以群学为要归。唯群学明而后知治乱盛衰之故，而能有修齐治平之功。呜呼！此真大人之学矣！

　　……

　　盖生民之大要三，而强弱存亡莫不视此：一曰血气体力之强，二曰聪明智虑之强，三曰德行仁义之强。是以西洋观化言治之家，莫不以民力、民智、民德三者断民种之高下，未有三者备而民生不优，亦未有三者备而国威不奋者也。反是而观，夫苟其民契需恂愁，各奋其私，则其群将涣。以将涣之群，而与鸷悍多智、爱国保种之民遇，小则房辱，大则灭亡。此不必干戈用而杀伐行也，磨灭溃败，出于自然……是故西人之言教化政法也，以有生之物各保其生为第一大法，保种次之。而至生与种较，则又当舍生以存种，践是道者，谓之义士，谓之大人。至于发政施令之间，要其所归，皆以其民之力、智、德三者为准的。凡可以进是三者，皆所力行；凡可以退是三者，皆所宜废；而又盈虚酌剂，使三者毋或致偏焉。西洋政教，若自其大者观之，不过如是而已。

　　……

　　彼西洋者，无法与法并用而皆有以胜我者也。自其自由

124

平等以观之,则其捐忌讳,去烦苛,决壅蔽,人人得其意,申其言,上下之势不相悬隔,君不甚尊,民不甚贱,而联若一体者,是无法之胜也。自其官工兵商法制之明备而观之,则人知其职,不督而办,事至纤悉,莫不备举,进退作息,皆有常节,无间远迩,朝令夕改,而人不以为烦,则是以有法胜也。其鸷悍长大既胜我矣,而德慧术知又为吾民所远不及。故凡其耕凿陶冶,织纴牧畜,上而至于官府刑政,战守、转输、邮置、交通之事,与凡所以和众保民者,精密广大,较吾中国之所有,倍蓰有加焉。其为事也,一一皆本诸学术;其为学术也,一一皆本于即物实测,层累阶级,以造于至精至大之涂,故蔑一事焉可坐论而不足起行者也。苟求其故,则彼以自由为体,以民主为用。一洲之民,散为七八,争驰并进,以相磨砻,始于相忌,终于相成,各殚智虑,此既日异,彼亦月新,故若用法而不至受法之弊,此其所以为可畏也。

往者中国之法与无法遇,故虽经累胜而常自存;今也彼亦以其法以与吾法遘,而吾法乃颓隳朽蠹如此其敝也,则彼法日胜而吾法日消矣。何则?法犹器也,犹道涂也,经时久而无修治精进之功,则格扞芜梗者势也。以格扞芜梗而与修治精进者并行,则民固将弃此而取彼者亦势也。此天演家言所谓物竞天择之道固如是也。此吾前者所以言四千年文物俛然有不终日之势者,固以此也。

梁启超《变法通议·自序》[①]

法何以必变?凡在天地之间者,莫不变。昼夜变而成

① 梁启超:《饮冰室合集》(第1册),中华书局,1989年,第1—2页。

日；寒暑变而成岁；大地肇起，流质炎炎，热熔冰迁，累变而成地球；海草螺蛤，大木大鸟，飞鱼飞鼍，袋鼠脊兽，彼生此灭，更代迭变，而成世界；紫血红血，流注体内，呼炭吸养，刻刻相续，一日千变，而成生人。藉曰不变，则天地人类，并时而息矣。故夫变者，古今之公理也。贡助之法，变为租庸调，租庸调变为两税，两税变为一条鞭；井乘之法变为府兵，府兵变为彍骑，彍骑变为禁军；学校升造之法，变为荐辟，荐辟变为九品中正，九品变为科目。上下千岁，无时不变，无事不变，公理有固然，非夫人之为也。为不变之说者，动曰"守古守古"，庸讵知自太古上古中古近古以至今日，固已不知万百千变。今日所目为古法而守之者，其于古人之意，相去岂可以道里计哉？今夫自然之变，天之道也；或变则善，或变则敝。有人道焉，则智者之所审也。语曰："学者上达，不学下达。"惟治亦然，委心任运，听其流变，则日趋于敝；振刷整顿，斟酌通变，则日趋于善。吾揆之于古，一姓受命，创法立制，数叶以后，其子孙之所奉行，必有以异于其祖父矣。而彼君民上下，犹傞焉以为吾今日之法吾祖，前者以之治天下而治，蘧然守之，因循不察，渐移渐变，百事废弛，卒至疲敝，不可收拾。代兴者审其敝而变之，斯为新王矣。苟其子孙达于此义，自审其敝而自变之，斯号中兴矣。汉唐中兴，斯固然矣。《诗》曰："周虽旧邦，其命维新。"言治旧国必用新法也。其事甚顺，其义至明，有可为之机，有可取之法，有不得不行之势，有不容少缓之故。为不变之说者，犹曰"守古守古"，坐视其因循废弛，而漠然无所动于中。呜呼！可不谓大惑不解者乎？《易》曰："穷则变，变则通，通则久。"伊尹曰："用其新，去其陈。"病乃不存。夜不炳烛则昧，冬不御裘则寒，渡河而乘陆车者危，易证而尝旧方者死。今专标斯义，大声疾呼，上循土训诵训之遗，下依矇讽鼓谏之义，言之无罪，闻者足兴，为六十篇，分类十二，知我罪我，其无辞焉。

康有为《上清帝第六书(应诏统筹全局折)》(节选)①

臣闻方今大地守旧之国，未有不分割危亡者也：有次第胁割其土地人民而亡之者，波兰是也。有尽取其利权，一举而亡之者，缅甸是也。有尽亡其土地人民而存其虚号者，安南是也。有收其利权而后亡之者，印度是也。有握其利权而徐分割而亡之者，土耳其、埃及是也。我今无士、无兵、无饷、无船、无械，虽名为国，而土地、铁路、轮船、商务、银行，惟敌之命，听客取求，虽无亡之形，而有亡之实矣……观大地诸国，皆以变法而强，守旧而亡，然则守旧开新之效，已断可睹矣。以皇上之明，观万国之势，能变则全，不变则亡，全变则强，小变仍亡。皇上与诸臣诚审知其病之根源，则救病之方，即在是矣。

……

皇上若决定变法，请先举三者：大集群臣于天坛太庙，或御乾清门，诏定国是，躬申誓戒，除旧布新，与民更始；令群臣具名上表，咸革旧习，黾勉维新，否则自陈免官，以激厉众志。一定舆论，设上书所于午门，日轮派御史二人监收，许天下士民，皆得上书；其群僚言事，咸许自达，无得由堂官代递，以致阻挠；其有称旨者，召见察问，量才擢用，则下情咸通，群才辐辏矣。设制度局于内廷，选天下通才十数人，入直其中，王公卿士，仪皆平等……皇上每日亲临商榷，何者宜增，何者宜改，何者当存，何者当删，损益庶政，重定章程，然后敷布施

---

① 康有为：《康有为诗文选》，人民文学出版社，1958年，第56—62页。

行，乃不谬粢。

……

制度局之设，尤为变法之原也。然今之部寺，率皆守旧之官，骤与改革，势实难行，既立制度局总其纲，宜立十二局分其事：

一曰法律局。外人来者，自治其民，不与我平等之权利，实为非常之国耻。彼以我刑律太重，而法规不同故也。今宜采罗马及英、美、德、法、日本之律，重定施行，不能骤行内地，亦当先行于通商各口。其民法、民律、商法、市则、舶则、讼律、军律、国际公法，西人皆极详明，既不能闭关绝市，则通商交际，势不能不概予通行。然既无律法，吏民无所率从，必致更滋百弊。且各种新法，皆我所凤无、而事势所宜，可补我所未备。故宜有专司，采定各律，以定率从。

二曰度支局。我国地比欧洲，人数倍之，然患贫实甚，所入乃下等于智利、希腊小国，无理财之政故也。西人新法，纸币、银行、印税、证券、讼纸、信纸、烟酒税、矿产、山林、公债，皆致万万，多我所无，宜开新局专任之。

三曰学校局。自京师立大学，各省立高等中学，府县立中小学及专门学，若海、陆、医、律、师范各学，编译西书，分定课级，非礼部所能办，宜立局而责成焉。

四曰农局。举国之农田、山林、水产、畜牧，料量其土宜，请求其进步改良焉。

五曰工局。司举国之制造机器美术，特许其新制而鼓厉之，其船舶、市场、新造之桥梁、堤岸、道路咸属焉。

六曰商局。举国之商务、商学、商会、商情、商货、商律，专任讲求激厉之。

七曰铁路局。举国之应修铁路，绘图、定例权限咸属焉。

八曰邮政局。举国皆行邮政以通信，命各省府县乡，咸立分局,并电线属焉。

九曰矿务局。举国之矿产、矿税、矿学属焉。

十曰游会局。凡举国各政会、学会、教会、游历、游学各会,司其政律而鼓舞之。

十一曰陆军局。选编国民为兵,而司其教练。

十二曰海军局。治铁舰练军之事。

十二局设,庶政可得而举矣。然国政之立,皆以为民,民政不举,等于具文而已……每道设一民政局,妙选通才,督办其事……准其专折奏事,体制与督抚平等……听其自辟参赞随员,俾其指臂收得人之助。其本道有才者,即可特授;否则开缺另候简用,即以道缺给之。先拨厘税,俾其创办新政。每县设民政分局督办,派员会同地方绅士治之;除刑狱赋税暂时仍归知县外,凡地图、户口、道路、山林、学校、农工、商务、卫生、警捕,皆次第举行。三月而备其规模,一年而责其成效。如此则内外并举,臂指灵通,宪章草定,奉行有准,然后变法可成,新政有效也。

若夫广遣亲王大臣游历以通外情,大译西书,游学外国,以得新学,厚俸禄以养廉耻,变通科举以育人才,皆宜先行者……今宜大筹数万万之款,立局以造纸币,各省分设银行……仿各国印花之税,我地大物博,可增十倍。然后郡县遍立各种学堂,沿海皆设武备学院,大购铁舰五十艘,急练民兵百万,则气象丕变,维新有图,虽不敢望自强,亦庶几可以自保。

臣愚夙夜忧国,统筹大局,思之至详。其能举而行之,惟皇上之明;其不能举而行之,惟诸臣之罪。时阽国危,谨竭愚诚,伏乞皇上圣鉴,谨呈。

光绪皇帝《明定国是诏》①

数年以来，中外臣工讲求时务，多主变法自强。迩者诏书数下，如开特科，裁冗兵，改武科制度，立大小学堂，皆经一再审定，筹之至熟，妥议施行。惟是风气尚未大开，论说莫衷一是。或狃于老成忧国，以为旧章必应墨守，新法必当摈除，众喙哓哓，空言无补。试问时局如此，国势如此，若仍以不练之兵，有限之饷，士无实学，工无良师，强弱相形，贫富悬绝，岂真能制梃以挞坚甲利兵乎？朕维国是不定，则号令不行，极其流弊，必至门户纷争，互相水火，徒蹈宋明积习，于国政毫无裨益。即以中国大经大法而论，五帝三王，不相沿袭，譬之冬裘夏葛，势不两存。用特明白宣示，中外大小诸臣，自王公以及士庶，各宜努力向上，发愤为雄，以圣贤义理之学植其根本，又须博采各学之切于时务者实力讲求，以救空疏迂谬之弊。专心致志，精益求精，毋徒袭其皮毛，毋竞腾其口说，务求化无用为有用，以成通经济变之才。京师大学堂为各行省之倡，尤应首先举办，着军机大臣、总理各国事务王大臣会同妥速议奏，所有翰林院编检、各部院司员、各门侍卫、候补候选道府州县以下各官大员子弟、八旗世职、各武职后裔，其愿入学堂者，均准入学肄习，以期人才辈出，共济时艰，不得敷衍因循，循私援引，致负朝廷谆谆诰诫之至意。将此通谕知之。

---

① 朱寿朋编：《光绪朝东华录》(第四册)，中华书局，1958 年，第 4094 页。

清末新政:"变法自强"的新尝试

19 世纪末 20 世纪初,因列强瓜分危机而产生的民族矛盾,与中国社会既有的官绅、民众与基督教会的冲突逐渐汇集,出现了以"扶清灭洋"、反教排外为特色的义和团运动。这场爱国却又稍嫌蒙昧、保守的运动以悲剧而告终。清朝政府统治者深知固有的统治方式已难以为继,不得不启动新政改革以自保。清末新政是清王朝在 1901—1911 年推行了一系列现代化改革实践,也可视为是对洋务运动与戊戌变法的某种继承和发展,在中国文化、历史中留下不少印痕。然而,改革所带来的深刻变革与清朝政府的预期和愿望背道而驰,新政非但未能让这一古老的王朝回光返照,反而加速了它的灭亡。

义和团运动与清朝政府的统治危机

一、民教冲突与义和团运动的兴起

近代以来,随着中国门户洞开,大批外国传教士来到中国传教。至 1900 年,在华天主教、基督教和东正教传教士共有 4000 多人,全国各地建立了 40 多个教区,60 多个教会,入教者达 80 多万人。许多传教士在传播福音、发展教务的同时,也在向中国社会各界人士传播西方思想文化,开展风俗改良与慈善救助等社会活动。也有一些外国传教士倚靠不平等条约所赋予的特权,为所欲为,肆意挑起民教冲突,产生了十分恶劣的影响。因此,反洋教运动在各地此起彼伏,绵延不断,大小教案达数百起。

民教冲突是中西文化冲突的主要表现形式之一。作为一种异质文化,基督教同中国传统风俗与宗教信仰迥然不同。基督教独尊上帝,不祀祖敬先,不扫墓。男女一同出入教堂,宣扬信教者皆为兄弟姊妹。这在秉持传统思想文化的中国人看来简直是无纲纪、无伦常、丧廉耻、亡礼义的禽兽之举。一些保守官绅担心洋教会引起人心风俗的改变,破坏传统秩序,因而采取敌视、抵制的态度。此外,传教士广建教堂的行为也常引来民众的恐慌。在他们看来,各式各样的教堂不仅外形奇特,还破坏了风水,给人们带来灾难。

当然,加剧民教矛盾的根本原因,与其说是文化差异,毋宁说是现实利益的争夺。如吕实强所说,近代教案频繁发生的关键性原因,需要在宗教以外的层面中寻找。中国社会各界人士反教"所关乎基督教义与儒家思想根本者,并非甚多,而出于人类贪婪自私之因素,实为主要"。自雍正禁教以来,天主教教产悉遭朝廷没收充公。由于时代久远,其原址大都改建他用,或数易其主,难以查明。至咸同年间,传教士开始凭借不平等条约,任意追讨、勒索教产,不仅要求绅民退还公所、会馆、书院、庙宇等地产,甚至强占土地民房。此外,有些教会片面追求信徒数量,所收教徒良莠不齐,不肖之徒竞相入教,横行乡里,无法无天。而贫穷之人则因贪图小恩小惠,也加入洋教,充当其爪牙。由于传教士享有治外法权,不受中国官员管治。他们藐视官府,时常进出衙署,干预审理案件。中国地方官畏惧洋人权势,对洋人一味纵容,在处理民教讼案时,往往"祖教抑民",造成"民冤不伸"的局面。外国教士与中国教民的胡作非为,激起了中国社会各界人士的极大愤怒。19世纪末,随着西方列强侵略加剧、民族矛盾日趋激化,反洋教同反瓜分斗争相结合,最终汇成震惊世界的义和团运动。

　　义和团运动是一场活跃于北方各省的社会运动,其源流学界至今众说纷纭。秘密教门(白莲教、八卦教或其他民间宗教教派)、团练和民间习武会社等,皆可视作义和团的源头活水。义和团成员多为贫苦农民、失业手工业者和水陆运输工人、城市贫民、小商贩及散兵游勇等。义和团缺乏统一的组织,它的基层单位称"坛"(又叫坛口、坛场、拳场),是团民活动的中心。团民信奉玉皇大帝、关公、孙悟空等民间俗神,宣称"神仙附体"、"刀枪不入",以"扶清灭洋"或"助清灭洋"或"兴清灭洋"为口号。

　　义和团运动起于山东直鲁交界地带的冠县梨园屯,在华北的迅速扩张与自然灾害密切相关。1900 年春,华北平原普遍遭受了严重的旱灾,民众陷于持续的恐慌之中。他们把饥馑的起因,归咎于某种不正当、破坏宇宙平衡的行为,亦即归罪于外教入侵。一部流传甚广的反洋教揭帖,明白无误地道出了民众的心声:"神助拳,义和团,只因鬼子闹中原。劝奉教,自信天,不信神,忘祖仙。男无伦,女行奸,鬼孩俱是子母产;如不信,仔细观,鬼子眼珠俱发蓝。天无雨,地焦旱,全是教堂止住天。神发怒,仙发怨,一同下山把道传。非是邪,非白莲,念咒语,法真言。升黄表,敬香烟,请下各洞诸神仙。仙出洞,神下山,附着人体把拳传。兵法艺,都学全,要平鬼子不费难。拆铁道,拔线杆,紧急毁坏大轮船。大法国,心胆寒,英美德俄尽消然。洋鬼子,尽除完,大清一统靖江山。"

　　对于义和团,慈禧太后起初态度摇摆不定,时而主张镇压,时而主张招抚。6 月初,她派刚毅等人到涿州一带宣布朝廷旨意,招抚义和团的态度日趋明朗。不久,北京义和团已有坛口约 1000 个,团民达 10 万人以上。清朝士兵及王公贵族也争先加入;天津义和团有坛口近 300 个,团民 3 万余人,

"日以焚教堂、杀洋人为事"。

二、八国联军侵华与《辛丑条约》的订立

随着义和团运动在直隶和京津地区的迅猛发展,列强一方面加紧胁迫清政府予以镇压,另一方面开始着手准备直接出兵干预,以维护在华利益。1900 年 5 月底 6 月初,英、美、俄、日、法、德、意、奥八国组成联军,发动侵华战争。5 月 31 日,由近 400 名八国联军组成的先遣队侵入北京;6 月 10 日,八国联军 2000 多人在大沽登陆,遭到了义和团与爱国清军的抵抗。21 日,清朝政府正式向列强"宣战"。6 月至 8 月,义和团与清军连续对北京的外国使馆发动围攻。在天津,他们与俄军反复争夺老龙头车站、攻打紫竹林租界区。北方激战不休,而东南地区的督抚大员们——湖广总督张之洞、两江总督刘坤一、两广总督李鸿章、山东巡抚袁世凯等人却与列强订立互保条约,在江苏、江西、安徽、湖北、湖南、广东、福建、浙江、山东等省实行"东南互保"。

由于实力悬殊,北方战局朝着有利于列强的一方倾斜。7 月底,天津沦陷。8 月初,联军向北京进犯。慈禧太后一面催促李鸿章北上与列强议和,一面挟光绪皇帝等人出逃,到西安躲避。八国联军攻占北京,大肆烧杀劫掠。沙俄还单独出兵侵占中国东北,制造一系列惨案。12 月,英、美、法、俄、德、日、意大利、奥地利、西班牙、比利时、荷兰 11 国公使将拟就的《议和大纲十二条》照会清政府,涉及道歉谢罪、严惩祸首、武器禁运、赔款修约、各国留兵驻守等内容。1901 年 9 月,奕劻、李鸿章代表清朝政府与 11 国在议定书上签字。除正约外,还有 19 个附件。由于该年是中国旧历辛丑年,因此这个条约就被称为《辛丑条约》,其主要内容包括:向各国赔款(总数超过 10 亿两白银);划北京东交民巷为使馆

区;拆毁大沽炮台;从北京到山海关铁路沿线允许外国驻军;向各国认错道歉,惩办"祸首"大臣;改总理衙门为外务部,"班列六部之前"等。在列强的要求下,一大批朝廷命官受到惩处:端郡王载漪、辅国公载澜定为斩监候,后发配新疆、永远监禁;赐庄亲王载勋自尽;毓贤即行正法;赵舒翘、英年赐令自尽;刚毅斩立决,以病故免议;启秀、徐承煜正法;徐桐、李秉衡已自尽,革职撤销恤典;董福祥革职远调;载滢、载濂撤职。

《辛丑条约》造成了一系列恶果:巨额的赔款严重破坏了中国的社会经济,列强控制了清朝政府除田赋之外的主要财政来源;列强在北京强行划定使馆区,设立兵营,以武力为后盾的公使团成为清朝政府的"太上皇",进一步加强了对清朝政府的控制;拆毁大沽炮台,列强在北京附近驻扎军队,使中国首都门户洞开;不准中国输入军火和生产军火的材料,使本来就较为落后的中国军事装备和军火生产能力,削弱到更低的水平;清朝政府派亲贵载沣、那桐分赴德国和日本,为被害的德国公使克林德(Klemens Freiherr von Ketteler)和日本使馆书记官杉山彬赔礼谢罪,在克林德被害处树立牌坊,并一批批地公布惩凶名单。清朝政府愈发沦落为列强统治中国的代理人,成为洋人的朝廷、卖国的政府。

三、义和团运动反现代化行为之省思

义和团运动本是一场反对外国侵略的正义事业,然而却存在着明显的盲目排外倾向,有保守、非理性的一面。"灭洋"不止是砸教堂、杀洋人等,还包括反对外国人及与外国有关系的一切事物,如科学技术与思想文化等。义和团及其支持者,包括朝廷内的那些保守官员,并不乏爱国之士。然而

他们的做法却违背了时代的精神，爱国变成了误国，流血牺牲换来的是国家利权更多的丧失。义和团运动的反现代化行为固不可取，不过，这场运动也显示了中国社会各界人士不甘屈服于外来侵略者的斗争精神和英雄气概，打破了列强瓜分中国的企图，令他们也不得不承认中国尚"含有无限蓬勃的民气"，认识到瓜分中国是行不通的。

中国民众在排外运动中所彰显的"民气"，既使列强心生畏惧，也让知识分子看到了国族振兴的希望。他们开始更为积极地对民众的爱国情感加以引导，陶铸新时代的民族精神。容闳曾言道："汝以义和团为乱民乎？此中国民气也……纳民气于正轨，此中国少年之责也。"1904年，《东方杂志》发表名为《论中国民气之可用》的文章，号召"上下一心，乘此未衰之民气，固结之，鼓舞之，因势而利导之，以守我疆土，强我种族也"。另一方面，义和团运动还有效地促进了中国人革命意识的觉醒，壮大了革命阵营。统治者的卖国行径，使得广大爱国志士深受刺激，越来越多的人踏上了革命之路，与清朝政府势不两立。正如革命党人秋瑾在《宝刀歌》一诗中所云："北上联军八国众，把我江山又赠送。白鬼西来做警钟，汉人惊破奴才梦。"革命派人士认识到民众力量的可贵，开始有意识地强化对民众的教育和革命动员："凡各国民族之鼓舞兴起于革命之事业者，未有不由教育之影响者也"；"教育者，时代精神之导火线也；时代精神者，教育事业之聚光点也。故言教育而不言革命，则不足以发扬时代之精神；不足以发扬时代之精神者，不足以胎孕民族之事业"。也正是在这一时期，为在下层民众中推进思想启蒙，戏曲、阅报社、讲报、宣讲、演说、识字学堂等大量出现，社会上追求新学、讲求新风的人日益增多。

《辛丑条约》签订后，清朝政府面临着空前严重的统治危机。为了争取民心、继续维系统治，朝廷不得不重新打出变法的旗号，宣布实行新政改革。从其内容上看，大体上是戊戌变法时期改革主张的继续，虽新意有限，却也在军事、教育、法制等领域取得了一定的成绩。

"以变而不失其正"的官制军制学制改革

一、"新政"上谕的提出与政治机构的调整

八国联军占领京城,慈禧太后仓皇"西狩",并于 1901 年 1 月 29 日以光绪皇帝的名义在西安颁布"预约变法"上谕。尽管该上谕仍然坚称"盖不易者三纲五常,昭然如日星之照世;而可变者令甲令乙,不妨如琴瑟之改弦",但它毕竟承认了在"万古不易之常经"以外,没有"一成不变之治法"。此外,上谕还批评过往的自强改革"舍其本源而不学,学其皮毛而又不精",因而"著军机大臣、大学士、六部、九卿、出使各国大臣、各省督抚,各就现在情形,参酌中西政要,举凡朝章、国故、吏治、民生、学校、科举、军政、财政……各举所知,各抒所见"。4 月 21 日,清朝政府设立督办政务处,作为推行新政的专门机构,任命奕劻、李鸿章等人为督办政务处大臣,刘坤一、张之洞、袁世凯等人也先后加入,具体处理新政的各项事宜。

变法上谕颁布以后,各地官员纷纷递交建议。其中影响最大的,是刘坤一和张之洞递交的《江楚会奏变法三折》(简称《江楚会奏》)。《江楚会奏》洋洋 3 万余言,由《变通政治人才为先遵旨筹议折》、《遵旨筹议变法谨拟整顿中法十二条折》、《遵旨筹议变法谨拟采用西法十一条折》、《请专筹巨款举行要政片》即"三折一片"组成。第一折论育才兴学,提出设文武学堂、酌改文科、停罢武科、奖励游学等;第二折论整顿中国之成法,提出崇节俭、破常格、停捐纳、课官重禄、去书

吏、去差役、恤刑狱、改选法、筹八旗生计、裁屯卫、裁绿营、简文法等;第三折论采用西法,提出广派游历、练外国操、广军实、修农政、劝工艺、定律法、用银元、行印花税、推行邮政、官收洋药、多译东西各国书等,"大要皆以变而不失其正为主"。后来的新政措施,多从《江楚会奏》而来。

由清朝政府主导的新政改革渐次展开,第一步是政治机构改革,增设新机构、裁撤冗官冗衙。1901年7月,总理衙门改为外务部,班列六部之前;1903年9月设立商部;12月设立练兵处;1905年10月设立巡警;11月设立学部。先后裁撤河东河道总督,湖北、云南、广东三省巡抚等。此外,清朝政府还下令整饬吏治,停止捐纳与陋规。

二、编练新军与军制改革

采用西法练兵,在甲午战争前后即已出现。不过,近代中国较大规模的军制改革则是从清末新政开始的。1894年4月,广西按察使胡燏棻在天津小站按照西法操练"定武军",此后由袁世凯接办,改称"新建陆军",即北洋新军。与此同时,张之洞在南洋还组建了"自强军",后由刘坤一接办。张之洞还依据自强军的经验,在湖北继续编练新军。

清朝政府设立练兵处后,由奕劻任练兵大臣,袁世凯为会办大臣,铁良襄同办理。各省设督练公所,置督办一员,下设兵备处、参谋处、教练处,各置总办一员。新军的编制分军、镇、协、标、营、队、排、棚,相当于后来的军、师、旅、团、营、连、排、班。此外,还有混成协,属于镇的缩编但不隶属于镇,类似于独立师、独立旅。与军制相应,各级将领依次为总统、统制、协统、标统、管带、队官、排长、正副目。1904年,练兵处和兵部议准在全国编练新军。1905年清朝政府又规定,各省新军均名陆军,并于1906年设立陆军部统一指挥全国新军。

至 1911 年辛亥革命爆发时,共练成 14 镇、18 个混成协,另有禁卫军 1 镇,共计约 16 万人。以北洋军为中央军,各省为地方军。

1901 年朝廷下诏停止武举,命令各省设立武备学堂,培养军事人才。新设陆军学堂分陆军小学堂、中学堂和兵官学堂、大学堂,还开办了速成陆军学堂和专门以王公、皇族及二品以上封疆大吏子弟为招收对象的陆军贵胄学堂。此外,清朝政府还派遣大批留学生出国学习军事,分赴英、法、德、奥,尤以日本为最多。日本还专门为中国陆军留学生开办振武学校等。1904 年,清朝政府颁布《选派陆军学生游学章程》,规定军事留学生必须是由各省督抚保送的官费生,禁止自费习武,并将留学名额分配给各省。学生归国后,各省督抚竞相延揽,成为推动近代中国军事改革的骨干力量。

清末新政的军事革新,是近代中国军事现代化的重要成果,军人阶层也随之迅速崛起。清朝政府编练新军,其本意在于培养拱卫朝廷的柱石,然而最终却产生了意料之外的结果。这一时期,袁世凯借助编练新军,进一步扩充了自己的实力。至 1905 年,北洋新军已有 6—7 万人,编为 6 个镇,即著名的"北洋六镇"。袁世凯非常注重对部将的培养和笼络。北洋新军几乎成了袁世凯的私人武装,为民国时期的军人干政留下了隐患。此外,与北洋新军风气闭塞、控制严密不同,长江流域等地的新军官兵比较容易受到民主革命思潮的影响。大量革命党人投身军队,传播革命思想,部分新军士兵与下级军官最终成为革命的重要力量。

三、教育改革:停科举、设学堂、奖游学

除却军事改革,清末新政中另一项卓有成效的内容便是教育改革,而教育改革的起点是废除科举制度。科举取士始

于隋大业元年（605 年），是通过考试选拔官吏的一种制度。及至清末，它早已积弊丛生，无法满足现实需要。1901 年，袁世凯、刘坤一、张之洞等分别上奏，要求改革科举制度。8 月，清朝政府下令从 1902 年起，废除八股文，改试策论，以中国政治史事及各国政治艺学命题。此后，朝堂之上渐废科举之议不绝如缕。1905 年，袁世凯、赵尔巽、张之洞、端方等人联名奏请立废科举，认为科举一日不停，新式学堂决无大兴之望。是年 9 月，清朝政府终于下令，自 1906 年起，所有乡试、会试、各省岁科考试一律停止。中国历史上绵延 1300 余年的科举制度，至此寿终正寝。

在废科举的同时，清朝政府还下令制定新的学制、设立新式学堂。1901 年 9 月，朝廷下令各省书院一律改为大学堂，各府及直隶州均改为中学堂，各州县改为小学堂，并多设蒙养学堂。除学习四书、五经外，还要学习中外政治、历史等课程。1902 年 1 月，清朝政府委任张百熙为京师大学堂管学大臣。8 月，张百熙进呈《钦定学堂章程》。因 1902 年为农历壬寅年，所以此章程又称"壬寅学制"，由于不够完备而没有施行。1904 年 1 月，清朝政府公布了由张百熙、荣庆和张之洞共同修订的《奏定学堂章程》，由于该年为农历癸卯年，因而又被称为"癸卯学制"。该学制是近代以来第一个以法令形式公布并在全国推行的学制，对 20 世纪中国学校教育制度的变革产生过较大的影响，成为中国近代教育的第一块基石。

1903 年，清朝政府颁布各类学堂章程，以"癸卯学制"为参照，将学堂分为 7 级，即蒙学院、初等小学堂、高等小学堂、中学堂、高等学堂、大学堂，以及在大学中设立的通儒院。此外还有各类实业和师范学堂、译学馆、仕学馆、进士馆等等。1905 年，清朝政府设立学部，作为中央教育行政机关，任命荣庆为学部尚书；又在各省设立提学使司，各府州县设立群学所，管理地方教育事业。此后，新式学堂教育迎来了迅猛的发展，学堂数量与学生人数大幅增长。至1909年，全国新式学堂约有5万余所，学生160多万人。

在创办新式学堂的同时，清朝政府还采纳了刘坤一、张之洞等人提出的"多派士人出洋留学"的主张，通令各省迅速选派，鼓励自费留学，并让出使大臣留心察访华侨子弟就近留学。学生学成回国后，经考核合格，分别赐给进士、举人、贡生等出身并予以任用。由于不分官费、自费，概以科名奖赏学成归国者，20世纪初出现了"留学热"。其中，日本和美国成为中国学生主要留学的国家。

由于地近费省等原因，加上官员的倡导与支持，留日逐渐成为主流。由于办理新政急需大量人才，袁世凯等清朝官员大力支持留日活动。日本在日俄战争中的胜利，以及日本政府与民间的积极推动，都促进了留日活动的兴起和发展。1903年，官费、自费留日学生已有1300多人，1905年增至8000人，1906年又增加到12000万人。留日学生大多重视对社会科学相关专业的学习，尤其是法政和军事，归国后主要从事政治、军事、外交等事业。1908年5月，美国国会正式确认将"庚子赔款"的剩余部分退还给中国，并作为中国派遣留学生赴美深造的专款。自1909年起，清朝政府平均每年选派60名学生赴美，逐渐形成了留美热潮。1910年，官费、自费留美学生约有500人，辛亥革命前夕又增至650人。清末留美学生以官费生为主，主要学习工程技术及其他理工科专业，回国后多从事自然科学研究与教学。

清末新政的教育改革，为近代中国社会的新陈代谢注入了强劲的动力。一方面，随着科举制度的废除，传统士人读书做官之路被彻底断绝，士人阶层彻底分化，儒家思想所维系的"四民社会"秩序逐渐解体;另一方面,新式学堂教育与留学教育的蓬勃发展,也促成了新型知识分子群体的形成。而在这一破一立之间,新政改革的成效,也远远超出了清朝政府所能掌控的范畴。清朝政府废科举、兴学堂、奖励留学,其本意是想获得大量忠君爱国、服务政府的人才,然而结果却事与愿违。不少接受了新式教育洗礼的知识精英,最终服膺民主革命思想,加入革命阵营,做了清王朝的掘墓人。

捆住手脚跳舞——预备立宪

一、立宪运动与"预备仿行立宪"的提出

1904 年 2 月,为争夺在中国东北地区的特权,日本与沙俄展开激战,是为日俄战争。对此,清朝政府宣布"中立",将辽河以东划为"交战区",并在战后与日本订约,承认了日本从俄国手中攫取的权利。在时人看来,日本战胜俄国,不光是亚洲人战胜了欧洲人,还是"立宪"国对"专制"国的胜利。至此,实行君主立宪,谋求富国强兵、挽救民族危亡的呼声逐渐高涨。在改良派人士的推动下,从 1904 年起,时任驻法公使孙宝琦、两江总督周馥、湖广总督张之洞、两广总督岑春煊、直隶总督袁世凯等相继奏请变更政体,实行立宪。

1905 年秋,清朝政府决定派载泽、戴鸿慈、徐世昌、端方和绍英等五位大臣分赴东、西洋各国考察宪政。9 月 24 日,五大臣登上火车准备启程时,革命党人吴樾亦怀揣炸弹乔装登车,试图炸死五大臣,以阻止考察宪政之行。由于车厢震动引起炸弹爆炸,吴樾牺牲,五大臣中仅绍英、徐世昌二人受轻伤。此后,清朝政府改派李盛铎、尚其亨顶替徐世昌和绍英,分两路出发,一路赴英国、法国和日本,一路赴美国、德国和意大利等国"考察政治"。1906 年 8 月,五大臣回国,载泽上奏密陈实行君主立宪有三大好处:"皇位永固"、"外患渐轻"、"内乱可弭"。他主张诏定国是,仿行宪政,而实行之期,可以宽些年限。经过御前会议讨论之后,清朝政府于

9月1日正式宣布"预备仿行宪政"，一方面宣称实行立宪是实现国家富强的必要途径，一方面却规定立宪的原则是"大权统于朝廷，庶政公诸舆论"。因为"规制未备，民智未开"，不能立即实行宪政，应当先从改革官制入手，逐步厘订法律、广兴教育、清理财政、整顿武备、普设巡警，作为实行宪政的"预备"。

二、官制改革、地方自治与法制改革

1906年9月，清朝政府颁布改革官制上谕，成立"编制馆"以厘定官制。11月，清朝政府下令，除军机处、翰林院、内务府等均照旧制不议外，巡警部改民政部，户部改度支部，太常寺、光禄寺、鸿胪寺并入礼部，练兵处、太仆寺并入兵部改为陆军部，刑部改为法部专管司法，工部并入商部改为农工商部，理藩院改理藩部，增设邮传部专司轮船、铁路、电线、邮政，外务部、吏部、学部仍照旧制，共计11个部。新官制规定除外务部外，各部均设尚书一员，侍郎两员，不分满汉。同时计划增设资政院以"博采群言"、审计院以"核查经费"。中央官制改革的原则是立法、行政、司法三权分立，由资政院掌立法，由11部组成的政府掌行政，由大理院（原大理寺）主审判，法部实施监督职责。1907年8月，清朝政府将原设于1905年的"考察政治馆"改为"宪政编查馆"，作为预备立宪的中枢机构。

在改革中央官制的同时，清朝政府还批准了编制馆提出的厘定地方官制的原则，实行地方官制改革，主要包括：一省或数省设一总督管理外交、军事；每省由巡抚管理地方行政，下辖布政使、提学使、提法使、劝业道、巡警道；按级分设审判厅，增易佐治员。此外，清朝政府还开始筹办地方谘议局，为资政院储备人才。至1909年10月，全国16省成立谘议局，为资政院的成立奠定了基础。1910 年 10 月，资政院正式成立。议员分为民选和钦选两类，各 98 人。民选议员由各省谘议局选举产生。钦选议员由朝廷直接指定，包括王公贵族、部院大臣、少数"硕学通儒"等。

与此同时，地方自治在清末新政中也取得了不少成果。天津是率先实行地方自治的地区之一。早在 1905 年 4 月，直隶总督兼北洋大臣袁世凯就已选派士绅到日本调查地方自治情况。翌年 8 月，袁世凯委任天津知府凌福彭、翰林院检讨金邦平会同筹办天津自治局，局设督理二员，参议三员，下置法制、调查、文书、庶务四课，其中法制课主订章程，调查课负责调查户口、风俗、教育、生计，文书课负责办文牍、编白话报及讲义，每课用官绅各半。袁世凯选派天津举人高振鹭等人担任宣讲员，宣讲地方自治的法理，在天津初级师范学堂内设立地方自治研究所，令天津府所属七县派官绅学习。此后，袁世凯仿照日本模式成立天津自治期成会，拟定《直隶天津县地方自治公决草案》。1907 年 6 月，天津地方自治选举正式开始。8 月，共选出议员 30 人，选举在籍度支部郎中李士铭为议长，分省补用知县王邵廉为副议长。1908 年，清朝政府主动提出并推行地方自治，作为预备立宪的基础和主要内容，颁行了《城镇乡地方自治章程》和《城镇乡地方自治选举章程》，规定城镇乡地方自治机构的设立，遵照代议权与行政分权制衡的原则，在城乡设立议事会和董事会，相互合作并监督进行，地方官负责对自治实施监督。在中央政府的推动下，各地相继开展地方自治运动。至 1911 年，全国各地成立的自治会、自治研究会、自治预备会等团体多达 50 多个。地方自治体系在形式上已经初具规模，随着辛亥革命的到来而被迫终止。

除却官制改革与地方自治，清朝政府还成立了专门机构,积极推行法制改革。1902 年 2 月,根据政务处"改定律例,设译律局"的奏请,清朝政府发布了修订法律的谕旨。5月,清朝政府正式任命沈家本与伍廷芳为修律大臣,经过近两年的筹备工作,于 1904 年 5 月正式成立修订法律馆。1907年,修订法律馆经过重组,成为法律修订机构,修改旧法、编订新法,开启了近代中国法制现代化的序幕。

1904 年 1 月,清朝政府奏准颁行《钦定大清商律·公司律》,是为近代中国第一部公司法。该律法共 11 节,131 条,规定了合资公司、合资有限公司、股份公司、股份有限公司等 4 种法定公司形式。公司内部有股东会议、董事局、查帐人、总办等机构,基本照搬了西方近代企业的内部组织架构,在法律上排除了政府对公司内部事务的干预。政府只负责公司的登记注册,以及公司及其主管人员违反法律时予以适当处罚。1906 年,清朝政府又颁布了《破产律》,以补续前法之内容。该法分为呈报破产、选举董事、债主会议、清算账目、处分财产、有心倒骗、清偿展期、呈报销案、附则等 9 节,共 69条。清朝政府商业律法的颁行,也在一定程度上促进了中国实业的发展,中国社会出现了一次"公司热"。据统计,在1902—1911 年 10 年间,共设厂矿 380 家,资本 8814.4 万元。新开设的公司中,股份有限公司居于多数。1904—1908 年间,在政府商部注册的公司共计约 265 家,其中股份有限公司有 154 家,占公司总数的 58%。

除此之外,法制改革的另一项重要成果是对《刑律》的修订。成文于乾隆年间的《大清律例》自 1870 年后便未曾修订,早已不能适应时代的发展需要。1905 年,清朝政府完成了对《大清律例》的删改工作,颁行《大清现行刑律》。1907 年10 月,《大清刑律草案》起草完成,修律大臣上奏朝廷。由于该草案违背了以"三纲五常"为核心的传统礼教,因而受到以张之洞为首的众多官员的反对。此后,修律大臣汇集众说进行全面修订,于1911年1月颁布《大清新刑律》。该刑律是近代中国第一部现代意义上的专门刑法典,它抛弃了以往旧律"诸法合体"、"刑民不分"的模式,移植、确立了西方资本主义刑法原则和制度。新刑律采用总则、分则及编、章、条的现代立法体例,规定刑罚分主刑、从刑两种。主刑包括死刑(只有绞刑)、无期徒刑、有期徒刑、拘役、罚金;从刑包括剥夺公权和没收。此外,它还采用了一些西方现代刑法原则和刑法学通用术语,如罪刑法定、法律面前人人平等以及缓刑、假释、正当防卫等。

修订法律馆还编订了《大清民律草案》、《刑事诉讼律草案》、《民事诉讼律草案》、《大清商律草案》、《大清监狱律草案》、《法院编制法》、《大理院审判编制法》、《著作权律》等等。由于立法仓促、机械照抄外国成法等原因,一些法律在内容上存在着缺陷,许多法律更因辛亥革命的爆发而中道流产,未及实行。不过,这依然无法抹杀清末新政时期法制改革所取得的丰厚成果。

三、立宪团体的建立及其请愿活动

清末新政时期,以部分开明士绅官员和商人资本家为基础的一个新的政治派别——立宪派登上政治舞台。他们将君主立宪制度视为中国由弱变强的良方,积极宣扬"立宪救国论"。清朝政府宣布"预备立宪"后,海内外立宪派人士迅速活跃起来,他们纷纷组织立宪团体,推动立宪运动。据张玉法统计,这一时期成立的立宪团体约有80个。在海外,主要有设在纽约、由康有为领导的帝国宪政会,梁启超等人组建的先设在东京、后迁至上海的政闻社;在国内,则主要有郑孝胥、张謇、汤寿潜领导的设在上海的预备立宪公会,姚晋圻、汤化龙、余德元领导的设在湖北的宪政筹备会,丘逢甲、梁庆桂等发起成立于广东的地方自治研究社,等等。其中,预备立宪公会是国内最大的立宪团体。该会以江浙两省的资本家和开明士绅为主体,组织机构健全,有一套完备的议事程序,在政界、实业界和文化教育界都有一些根基。

清朝政府推进宪政改革步调迟缓,革命党人策划的反清起义与暗杀活动却让政局变得日益动荡不宁。在反对暴力革命的立宪派人士看来,变革已迫在眉睫。由于他们认为"国会乃立宪之真精神所在",于是将请愿速开国会作为推进立宪的重要目标。1907 年秋,宪政讲习会会长熊范舆在杨度的授意下,联合沈钧儒、雷光宇等人,首次向清朝政府递呈要求速开国会的请愿书。请愿书见诸报端后,在国内产生了较大的反响。1908 年 6 月,预备立宪公会联合湖南宪政公会、湖北宪政筹备会、广东自治会以及河南、安徽、直隶、山东、山西、四川、贵州等省的立宪派首领,相约各派代表齐集北京向都察院呈递国会请愿书。此外,宪政讲习会、预备立宪公会和政闻社等团体还在上海成立国会期成会,专事请愿发动。海外华侨、留学生、督抚大员和驻外使臣纷纷响应,举国上下形成第一次国会请愿运动高潮。请愿运动令清朝统治者颇为担忧。8 月,清朝政府查禁政闻社,第一次国会请愿运动也随之夭折。

清朝政府迫于压力,随即颁布了《钦定宪法大纲》。大纲规定"君上大权"14 条,不仅规定清王朝"万世一系,永远尊戴",君权"神圣不可侵犯",还规定皇帝总揽国家立法、司法、行政大权,统率海陆军及编定军制,执掌设官制禄及黜陟百司之权,裁决对外宣战、媾和、签约等外交事宜,议院成为一个可有可无的摆设品。在规定的臣民有关权利与义务的 9 条中,除当兵、纳税等义务外,人民并无真正的权利可言。不过,清朝政府依然承诺以 9 年为预备期,此后正式召开国会,并要求各省谘议局在 1 年内成立。这又给了立宪派以新的希望,开始致力于谘议局议员的选举活动。1909 年 10 月,各省谘议局纷纷开设。立宪派取得了代表"民意"的合法资格,于是,他们便以谘议局为基地,于 1910 年 1 月、6 月、10 月掀起了 3 次较大规模的请愿运动,将立宪运动推向了高潮。

1909 年 12 月,奉天、吉林、直隶、江苏、湖南等 16 省的谘议局代表,组成以直隶谘议局骨干孙洪伊为代表的请愿代表团。1910 年 1 月,16 省谘议局代表 33 人到达北京,向都察院呈递联名请愿书,请求一年之内召开国会,被朝廷以"国民知识不齐"为由加以拒绝。此番失利并未让立宪派气馁,他们在京成立国会请愿同志会,在各省设分会,准备发动新的请愿活动。6 月,国会请愿同志会联合各省绅、商、学各团体再次筹划请愿运动。请愿代表以 10 个团体的名义分别向都察院递上 10 份请愿书,依然被朝廷拒绝。8 月,各省谘议局负责人在北京召开各省谘议局联合会议,商讨对策。10 月,资政院正式开会,请愿代表向资政院递交请愿书,提议 3 年内召集国会。在各方的压力下,清朝政府被迫宣布将预备立宪期限由 9 年缩短为 5 年。立宪派中的温和派对于清朝政府的答复感到满意,随即停止了请愿活动。但是多数代表并不满意。12 月下旬,东三省代表 10 余人赴京递呈请愿书,要求速开国会。清朝政府开始采取强硬措施,民政部、步军统领衙门以"聚众滋闹"为名,将东三省请愿代表强行押解回原籍。天津学界请愿代表温世霖倡议联合全国学界罢课,直隶总督兼北洋大臣陈夔龙立即下令拿办,将其发配新疆,交地方官严加管束,请愿运动由此偃旗息鼓。

清末新政改革,以旧人办新政,不少曾与改革为敌的人摇身一变成了改革事业的领导者。这不仅冲淡了新政的革新色彩,也限制了新政的深入开展。更严重的是,参与新政改革事业的人们,有着十分复杂的身份背景与政治诉求。错综复杂的权力斗争与新政相伴始终。具体而言,手握最高权力的清朝政府满族统治者推行新政的目的,更多是想借此确保满族贵族的特权、强化中央集权,唯恐大权旁落;而汉族官僚与地方督抚实力派则希望在改革中削弱君主与王公贵族的权力,增加自己在政治舞台上的力量;至于那些投身宪政民主事业的立宪派人士,也展现出了参政、分权的强烈意愿。清末新政在传统与现代、保守与进步的纠葛之外,还充斥着中央与地方、集权与分权、满族与汉族的多重矛盾。

1908 年 11 月,光绪皇帝和慈禧太后在两天之内先后死去,年仅 3 岁的溥仪继位,改元宣统,其父醇亲王载沣以摄政王监国。此后,随着清朝政府局势的动荡,最高统治者加强满族贵族专制的意图愈发明显。事实上,满族贵族借新政以"排汉",早有端倪。在 1906 年中央官制改革中,重组 11 个部,汉族尚书只有 5 人,而满蒙贵族则是 6 人。在地方官制改革中,朝廷不仅将督抚的财权、军权收归中央,还把张之洞与袁世凯调入中央担任军机大臣,以明升暗降的办法解除了最有权势的两个汉族总督的权力。1909 年,载沣干脆以"足疾"为由,免除了袁世凯的所有职务,迫其"回籍养疴"。1911 年 5 月,清朝政府宣布成立第一届责任内阁,庆亲王奕劻担任总理大臣。在 13 名内阁大臣中,满族贵族多达 9 人,其中皇族又占了 5 人,汉族只有徐世昌、梁敦彦等 4 人,因此被称为"皇族内阁"。军政大权进一步集中到皇族亲贵手中,引起了人们的普遍不满,清朝政府日益孤立。

皇族内阁暴露了清朝政府立宪的本质,使得立宪派大失

所望。各省谘议局联合会发表《宣告全国书》，指责清朝政府
"名为内阁，实则军机；名为立宪，实则为专制"的行径，并痛
苦地承认"希望绝矣"。此后，立宪派与清朝政府的关系急剧
恶化，最终分道扬镳。辛亥革命爆发后，各省立宪派纷纷倒
向革命，加速了清王朝的灭亡。"预备立宪"的破产，使清朝
政府陷入众叛亲离、四面楚歌的窘境，王朝的末日终不远矣。

原典选读

《遵旨筹议变法谨拟采用西法十一条折》(节选)[①]

　　方今环球各国，日新月盛，大者兼擅富强，次者亦不至贫弱，究其政体学术，大率皆累数百年之研究，经数千百人之修改，成效既彰，转相仿效。美洲则采之欧洲，东洋复采之西洋，此如药有经验之方剂，路有熟游之图经，正可相我病证……今蒙特颁明诏，鉴前事之失，破迂谬之谈，将采西法以补中法之不足……臣等谨就切要易行者，胪举十一条：一曰广派游历，二曰练外国操，三曰广军实，四曰修农政，五曰劝工艺，六曰定矿律、路律、商律、交涉、刑律，七曰用银元，八曰行印花税，九曰推行邮政，十曰官收洋药，十一曰多译东西各国书，大要皆以变而不失其正为主。

　　……

　　以上各条，皆举其切要而又不可不急行者，布告天下则不至于骇俗，施之实政则不至于病民。至若康有为之邪说谬论，但以传康教为宗旨，乱纪纲为诡谋，其实于西政西学之精要全未通晓。兹所拟各条，皆与之判然不同，且大率皆三十年来已经奉旨陆续举办者，此不过推广力行，冀纾急难，而大指尤在考西人富强之本源，绎西人立法之深意。伏望圣明深察远览，早赐施行，使各国见中华有奋发为雄之志，则鄙我侮我之念渐消；使天下士民知朝廷有改弦更张之心，则顽固者化其谬，望治者效其忠，而犯上作乱之邪说可以不作，天下幸甚。

---

　　① 苑书义等主编：《张之洞全集》(第二册)卷五十四，河北人民出版社，1998年，第1429—1450页。

《重订学堂章程折》(节选)①

臣张百熙、臣荣庆、臣张之洞跪奏:为遵旨重订学堂章程,妥筹办法,恭折仰祈圣鉴事。窃臣百熙臣荣庆前因学务重要,奏请特旨,添派臣之洞会同商办。

……

数月以来,臣等互相讨论,虚衷商榷,并博考外国各项学堂,课程门目,参酌变通,择其宜者用之。其于中国不相宜者缺之,科目名称之不可解者改之,其有过涉繁重者减之。每日讲堂功课,少或四五点钟,多亦不过六点钟。所授之学,排日轮讲,少或四五门,多亦不过六门。皆计日量时以定之,绝不苦人以所难。中人之资,但能循序以求,断无兼顾不及之虑。至于立学宗旨,无论何等学堂,均以忠孝为本,以中国经史之学为基,俾学生心术壹归于纯正,而后以西学瀹其智识,练其艺能,务期他日成材,各适实用,以仰副国家造就通才、慎防流弊之意。

计拟成《初等小学堂章程》一册、《高等小学堂》一册、《中学堂章程》一册、《高等学堂章程》一册、《大学堂章程》附《通儒院章程》一册。原章有蒙学堂名目,但章程内所列,实即外国初等小学之事。查外国蒙养院,一名幼稚园。兹参酌其意,订为《蒙养院章程》及《家庭教育法》一册。此就原订章程所有而增补其缺略者也。办理学堂,首重师范;原订《师范馆章程》,系仅就京城情形试办,尚属简略。兹另拟《初级师范学堂章程》一册,《优级师范学堂章程》一册,并拟《任用教员章程》一册,将来京城师范馆,应即改照《优级师范学堂章程》

---

① 张百熙:《张百熙集》,岳麓书社,2008年,第36—38页。

办理。此外如京师仕学馆,系属暂设,皆系有职人员,不在各学堂统系之内。原订章程,应暂仍其旧,将来体察情形,再为酌定经久章程。至译学馆即方言学堂,前经奏明开办,兹将章程课目一并拟呈。其进士馆,系奉特旨,令新进士概入学堂肄业,此与仕学馆用意相近,课程与各学堂不同,而仕学馆地狭,无可展拓,不得不别设一馆以教之,兹亦酌订章程课目,别为一册……又国民生计,莫要于农工商实业,兴办实业学堂,有百益而无一弊,最宜注重。兹另拟《初等农工商实业学堂章程》一册,附《实业补习普通学堂及艺徒学堂各章程》,《中等农工商实业学堂章程》一册,《高等农工商实业学堂章程》一册,《实业教员讲习所章程》一册,《实业学堂通则》一册。此皆原订章程所未及,而别加编订者也。又以中国礼教政俗,本与各国不同,而少年初学之士,胸无定识,庞杂浮嚣,在所不免。此时学堂办法,规范不容不肃,稽察不容不严。兹特订立规条,申明禁令,编为《各学堂管理通则》一册。并将此时开办各项学堂设教之宗旨,立法之要义,总括发明,订为《学务纲要》一册。各省果能慎选教员学职,按照现订章程,认真举办,则民智可开,国力可富,人才可成,决不致别生流弊。

至学生毕业考试,升级入学考试,亦经详订专章。中学堂以下及收入高等学堂者,由督抚学政会同考核;高等学堂应升级者,奏请简放主考,会同督抚、学政考验。京城高等学堂,比例办理。京师大学堂奏请简放总裁,会同管学大臣考验,以昭慎重,而免冒滥。其奖励录用之法,比照奏准鼓励出洋游学生,于奖给出身之外,复请分别录用章程,亦经详加斟酌,拟有专章,伏候圣明裁定,将来应即分别照章奏明办理。所有一切章程,将来如有应行变通增损之处,其大者仍当奏明办理,小者由管学大臣审定后通行各省照改。

変法图强

《钦定宪法大纲·君上大权》[①]

一 大清皇帝统治大清帝国，万世一系，永永尊戴。

一 君上神圣尊严，不可侵犯。

一 召集、开闭、停展及解散议院之权。解散之时，即令国民重行选举新议员，其被解散之旧议员即与齐民无异，倘有违抗，量其情节以相当之法律处治。

一 设官制禄及黜陟百司之权。用人之权操之君上，而大臣辅弼之，议院不得干预。

一 统帅陆海军及编定军制之权。君上调遣全国军队，制定常备兵额，得以全权执行。凡一切军事，皆非议院所得干预。

一 宣战、讲和、订立条约及派遣使臣与认受使臣之权。国交之事，由君上亲裁，不付议院议决。

一 宣告戒严之权。当紧急时，得以诏令限制臣民之自由。

一 爵赏及恩赦之权。恩出自君上，非臣下所得擅专。

一 总览司法权。委任审判衙门，遵钦定法律行之，不以诏令随时更改。司法之权，操诸君上，审判官本由君上委任，代行司法，不以诏令随时更改者，案件关系至重，故必以已经钦定法律为准，免涉分歧。

一 发命令及使发命令之权。惟已定之法律，非交议院协赞奏经钦定时，不以命令更改废止。法律为君上实行司法权之用，命令为君上实行行政权之用，两权分立，故不以命令

① 中国人民大学法律系国家法教研室、资料室编：《中外宪法选编》，人民出版社，1982年，第61—62页。

改废法律。

一　在议院闭会时,遇有紧急之事,得发代法律之诏令,并得以诏令筹措必需之财用。惟至次年会期,须交议院协议。

一　皇室经费,应由君上制定常额,自国库提支,议院不得置议。

一　皇室大典,应由君上督率皇族及特派大臣议定,议院不得干预。

《城镇乡地方自治章程·总纲》[①]

第一章　总纲

第一节　自治名义

第一条　地方自治以专办地方公益事宜,辅佐官治为主。按照定章,由地方公选合格绅民,受地方官监督办理。

第二节　城镇乡区域

第二条　凡府厅州县治城厢地方为城,其余市镇村庄屯集等各地方,人口满五万以上者为镇,人口不满五万者为乡。

第三条　城镇乡之区域,各以本地方固有之境界为准。

若境界不明,或必须另行析并者,由该管地方官详确分划,申请本省督抚核定。嗣后城镇乡区域如有应行变更或彼此争议之处,由各该城镇乡议事会拟具草案,移交府厅州县议事会议决之。

第四条　镇乡地方嗣后若因人口之增减,镇有人口不足

---

① 徐秀丽编《中国近代乡村自治法规选编》,中华书局,2004年,第3—7页。

四万五千,乡有多至五万五千者,由该镇董事会或乡董呈由地方官申请督抚,分别改为乡镇。

第三节　自治范围

第五条　城镇乡自治事宜,以左列各款为限:

一、本城镇乡之学务:中小学堂、蒙养院、教育会、劝学所、宣讲所、图书馆、阅报社,其他关于本城镇乡学务之事;

二、本城镇乡之卫生:清洁道路、蠲除污秽、施医药局、医院医学堂、公园、戒烟会,其他关于本城镇乡卫生之事;

三、本城镇乡之道路工程:改正道路、修缮道路、建筑桥梁、疏通沟渠、建筑公用房屋、路灯,其他关于本城镇乡道路工程之事;

四、本城镇乡之农工商务:改良种植畜牧及渔业、工艺厂、工业学堂、劝工厂、改良工艺、整理商业、开设市场、防护青苗、筹办水利、整理田地,其他关于本城镇乡农工商务之事;

五、本城镇乡之善举:救贫事业、恤嫠、保节、育婴、施衣、放粥、义仓积谷、贫民工艺、救生会、救火会、救荒、义棺义冢、保存古迹,其他关于本城镇乡善举之事;

六、本城镇乡之公共营业:电车、电灯、自来水,其他关于本城镇乡公共营业之事;

七、因办理本条各款筹集款项等事;

八、其他因本地方习惯,向归绅董办理,素无弊端之各事。

第六条　前条第一至第六款所列事项,有专属于国家行政者,不在自治范围之内。

第七条　城镇乡地方,就自治事宜,得公定自治规约,惟

160

不得与本章程及他项律例章程相抵牾。

自治规约内得设罚则,以罚金及停止选民权为限。罚金最多之额,不得过十元。停止选民权最长之期,不得过五年。

第四节　自治职

第八条　凡城镇各设自治职如左:

一、议事会;

二、董事会。

第九条　凡乡设自治职如左:

一、议事会;

二、乡董。

第十条　城镇乡地方有分属二县以上,或直隶州与县管辖者,其自治职仍得合并设置,毋庸分立。

第十一条　城镇有区域过广,其人口满十万以上者,得就境内划分若干区,各设区董,办理区内自治事宜,其细则以规约定之。

第十二条　乡有户口过少,其选民全数不足议员最少定额十倍之数者,得不独立设置自治职,与同一管辖内邻近之城镇乡合并办理。

若因地方情形不便合并者,除按章设置乡董外,得不设乡议事会,以乡选民会代之。

第十三条　凡二乡以上有彼此相关之事,必须连合办理者,得以各该乡之协议,设连合会办理之。

第十四条　城镇乡地方各设自治公所,为城镇乡议事会会议及城镇董事会乡董办事之地。

自治公所,可酌就本地公产房屋或庙宇为之。

第五节　居民及选民

第十五条　凡于城镇乡内现有住所或寓所者,不论本籍、京旗、驻防或流寓,均为城镇乡居民。

居民按照本章程所定,有享受本地方公益之权利,并有分任本地方负担之义务。

第十六条　城镇乡居民具备左列资格者为城镇乡选民:

一、有本国国籍者;

二、男子年满二十五岁者;

三、居本城镇乡接续至三年以上者;

四、年纳正税(指解部库司库支销之各项租税而言)或本地方公益捐二元以上者。

居民内有素行公正,众望允孚者,虽不备第三、第四款之资格,亦得以城镇乡议事会之议决,作为选民。

若有纳正税或公益捐较本地选民内纳捐最多之人所纳尤多者,虽不备第二、第三款之资格,亦得作为选民。

第十七条　有左列情事之一者,虽具备前条第一款各款,及合前条第三项所定资格,不得为选民:

一、品行悖谬,营私武断,确有实据者;

二、曾处监禁以上之刑者;

三、营业不正者,其范围以规约定之;

四、失财产上之信用,被人控实尚未清结者;

五、吸食鸦片者;

六、有心疾者;

七、不识文字者。

第十八条　城镇乡选民按照本章程所定,有选举自治职员及被选举为自治职员之权。

以第十六条第三项资格作为选民者,有选举自治职员之权,若不能自行选举权者,得遣代理人行之。

代理人以具备第十六条第一项第一、二款之资格,且不犯第十七条所列各款者为限。

第十九条　左列人等,不得选举自治职员及被选举为自

治职员:

一、现任本地方官吏者;

二、现充军人者;

三、现充本地方巡警者;

四、现为僧道及其他宗教师者。

第二十条　现在学堂肄业者,不得被选举为自治职员。

第二十一条　凡被选举为自治职员者,非有左列事由之一,不得谢绝当选,亦不得于任期内告退:

一、确有疾病,不能常任职务者;

二、确有他业,不能常居境内者;

三、年满六十岁以上者;

四、连任至三次以上者;

五、其他事由,特经城镇乡议事会允准者。

第二十二条　无前条所列事由之一,而谢绝或告退者,得以城镇乡议事会之议决,于一年以上,五年以下,停止其选民权。

旧邦新造:帝制终结与民国初创

　　20 世纪初的中国思想文化领域呈现出一些新景象,一方面,西方文化日益受到中国人的赞许与重视,西学在中国的地位日益提升;另一方面,民主革命思想萌发,革命党羽翼渐丰,反清起义持续高涨。1911 年 10 月,辛亥革命爆发,君主专制制度动摇,民主共和国家宣告诞生,为中国社会更深层次的变革提供了条件和可能。中国人的变法图强事业,也终于在政治现代化领域取得了突破性的进展。

清末中国文化变迁与民主革命的兴起

一、清末中国文化新景象

义和团运动失败后，中国带着新的屈辱艰难地迈入了 20
世纪。与此同时，中国人的文化心理也发生了一定的变化。
军事上的接连溃败，最终导致了由传统意识所维系的民族心
理防线的崩毁。"天朝上国"的文化自负荣光不再，举国上下
弥漫着愈演愈烈的"崇洋"、"慕西"之风。

据时人记载，"当团匪起时，痛恨洋物，犯者必杀无赦，若
纸烟，若小眼镜，甚至洋伞、洋袜，用者辄置极刑……今乃大
异，西人破帽只靴，垢衣穷袴，必表出之。矮檐白板，好署洋
文，草楷杂糅，拼切舛错。用以自附于洋，昂头掀脣，翘若自
熹"。而在德军所驻守的北京顺治门一带，"其界内新设各店

牌号,大都士大夫为之命名,有曰'德胜',有曰'德昌',有曰'德永',有曰'德丰厚'、'德长胜'等。甚至不相联属之字,而亦强以德字冠其首。种种媚外之名词,指不胜屈。而英、美、日、义诸界亦莫不皆然"。

从排外灭洋到崇洋媚外,短短数年,中国人对西方文明的认知仿佛从一个极端走向了另一个极端。抛开非理性的一面不论,这种社会风气的转变,客观上也有利于西方思想文化在中国的传播。清末十年间,伴随清朝政府"新政"改革的刺激,西学东渐迎来了一段黄金时代,中国知识界崇尚新学者逐渐可以和恪守传统者分庭抗礼。"近年来为学之人竞分两途,一曰守旧,一曰维新。守旧者惟恃孔孟之道,维新者独求西洋之法。守旧则违于时而为时人所恶,维新则合于时而为时人所喜,所以维新者日益多,守旧者日渐少也。"

清末十年间,中国的西书翻译出版成绩斐然。据统计,全国共翻译出版各类西书 1599 种,超过此前 90 年所译西书总数的两倍。仅 1902—1904 年,就翻译了 327 种社会科学书籍、112 种自然科学书籍,以及 56 种应用科学书籍。此时官方的译书机构以江楚编译局、南洋公学译书院、直隶学务公所、学部编译图书局等为代表;民间出版机构则发展迅速,商务印书馆、文明书局、广智书局等成为翘楚。此外,中国还出现了办报高潮。据统计,1902 年全国约有 38 种报纸,37 种刊物。1903—1911 年,中国报刊总数不少于 300 种。清朝政府、改良派与革命派都创办了为数众多的报刊。在政治上倾向于改良的有《新民丛报》、《大公报》、《时报》、《东方杂志》等,倾向于革命的则有《中国旬报》、《警钟日报》、《民报》等,而官府也发行了《商务官报》、《学部官报》、《政治官报》等各类官报。尽管政治主张不同,报刊大多辟有介绍西方学说的栏目,也成为清末传输新思想、新文化的重要载体。在西学不断大量涌入的过程中，中国传统的学术体系经受洗礼，近代知识结构和学科体系开始形成。中国人在接受西学知识的同时，也开始采纳西方的学科分类模式。在社会科学领域，哲学、社会学、政治学、经济学、逻辑学、伦理学、美学等学科先后建立；在自然科学领域，数学、物理学、地理学、地质学等学科也得到了持续的发展。

随着西学在中国文化地位的不断抬升，如何重新定位它与中国传统文化的关系，也成为了难以回避的议题。中国知识界几乎同时出现了"醉心欧化"与"保存国粹"的思潮，呈现出"欧化派"与"国粹派"并立的文化新格局。"欧化"与"国粹"之争起源于日本，是该国现代化进程中所出现的文化论争。20世纪初，这一论争传入中国，引起舆论热潮。

清末欧化论者主要包括以下3个群体：一是革命派内的激进主义者，以吴稚晖、李石曾等巴黎《新世纪》派为代表。他们全盘否定中国传统历史文化，主张将其尽数淘汰。二是欧美留学生群体，以《寰球中国学生报》、《留美学生季报》的部分作者为代表。他们宣扬西方文明的优越性，大力倡行欧化。三是国内一些趋新人士，也发表了具有欧化倾向的言论。一些知识分子受到民族危机与欧化思潮的双重压力，高举"国粹保存主义"，创办"国学保存会"、"国粹学社"以及刊物《国粹学报》，著书立说、钻研学术，是为清末国粹派。国粹派也是一个身份较为复杂的群体，包括革命派、立宪派，以及一般维护传统文化的学者，其代表人物主要有章炳麟、邓实、黄节等。国粹派倡导"以研究为国粹学之始基"，对传统经学、史学、语言文字、训诂音韵、诗词歌赋、金石书画、戏曲美术等领域均进行了广泛的研究，开现代学界"整理国故"风气之先河，涌现出章炳麟、罗振玉、王国维、王闿运、孙诒让、黄侃、刘师培等一批文化精英，对中国传统文化有着独特的见解和卓越的贡献。

当然,"保存国粹"并不意味着抱残守缺。相反,它寄托着国粹派知识分子强烈的忧患意识与爱国情怀,具有一定的时代色彩。黄节曾言:"不自主其国,而奴隶于人之国,谓之国奴;不自主其学,而奴隶于人之学,谓之学奴。奴于外族之专制固奴,奴于东西之学说,亦何得而非奴也?"眼见列强瓜分中国之祸患,以及传统文化在西学冲击下的日趋式微,国粹派自觉地将弘扬民族文化与爱国、保种结合起来,不做"国奴"与"学奴",彰显了知识分子的某些民族气节。此外,部分国粹派学者还特别强调,国学是民族的学问,是"真儒之学",主动与传统时代为专制统治者服务的"君学"、"伪儒之学"划清界限,又具有了鲜明的民主革命色彩。如邓实所言:"国学者何?一国所有之学也";"国学者,与有国而俱来,因乎地理,根之民性,而不可须臾离也。君子生是国,则通是学,知爱其国,无不爱其学也者"。章炳麟也说:"为甚提倡国粹?不是要人尊信孔教,只是要人爱惜我们汉种的历史。这个历史,是就广义说的,其中可以分为三项:一是语言文字,二是典章制度,三是人物事迹。"

清末欧化派与国粹派虽分属文化激进主义与保守主义两大学术阵营,但并非全然对立。事实上,调和两派观点的论调也时有出现。这种声音一直延续到民国初年。1914 年,《学生杂志》曾刊文曰:

> 事急矣,势危矣。将何以固本,曰国粹主义;将何以救弱,曰欧化主义。国粹主义者,立国之本;欧化主义者,强国之原。不知国粹主义,是谓忘本,忘本者其国必败;不知欧化主义,是谓泥古,泥古者其国必弱。若是,则国粹主义与欧化主义,固未可偏废也。

> 然则国粹主义与欧化主义，二者果孰是乎？曰未可执一而论。徒知国粹而不知有欧化，徒知欧化而不知有国粹，皆谬执之见也。能以国粹固其本，而以欧化辅其不足，黜华崇实，咀英嚼华，中国前途，庶有豸矣。

这种在冲突中寻求调和的观点，表面上看是西方学说对传统思想文化的妥协与退让，实则反映了清末中西文化在地位上的逆转。抛下绵延数十年的中西体用之争，西学终于获得了与国学分庭抗礼的文化地位。随着时代的发展，以西方文化为本的新思潮逐渐占据了主流地位，国粹主义思潮日益边缘化。

二、清末民主革命思想的勃兴与流传

清末，中国思想界另一个重大变迁即是民主革命思想的迅速成长。然而，这种成长也经历了一个漫长而曲折的过程。1895 年，孙中山在第一次反清起义失败后，被迫逃亡日本。他发现日本报纸刊有一则新闻，题为《支那革命党领袖孙逸仙抵日》。他随后对同行的人说："革命二字，出于《易经》'汤武革命，顺乎天而应乎人'一语，日人称吾党为革命党，意义甚佳，吾党以后即称革命党可也。"至此，"革命"这一古老的中文词汇被赋予了新的意涵，成为武装夺取政权的代名词。孙中山还剪辫易服，表明与清王朝彻底决裂的决心。

孙中山早年的革命事业主要依靠海外华侨与会党人士，其追随者主要有陈少白、尤列、杨鹤龄、陆皓东、史坚如等，此外还有同情中国革命的日本友人犬养毅、宫崎滔天、平山周等。在此期间，革命党人也曾试图与李鸿章及同样流亡海外的康有为、梁启超等保皇派人士和解，却最终无法实现。直到义和团运动时期，由于清朝政府令人极端失望，人心思变，

革命形势才有所好转。尽管惠州起义仍归于失败,但中国人对革命的认识已与前大不一样。孙中山在回顾这段经历时,不无感慨地写道:"当初次起义失败也,举国舆论莫不目予辈为乱臣贼子、大逆不道,诅咒谩骂之声不绝于耳;吾人足迹所到,凡人识者,几视为毒蛇猛兽,而莫敢与吾人交游也。惟庚子失败之后,则鲜闻一般人之恶声相加,而有识之士,且多为吾人扼腕叹惜,恨其事之不成矣。前后相较,差若天渊。"

及至 20 世纪初,随着新式学堂与留学教育的发展,一批具有民主革命思想的新型知识分子脱颖而出。他们成为革命事业的重要推动者,留日学生在革命宣传方面所做的贡献尤为突出。这一时期由留日学生团体创办的刊物主要有 1901 年留日学生秦力山等人创办的《国民报》,1902 年湖南留日学生创办的《游学译编》,1903 年湖北留日学生创办的《湖北学生界》,浙江留日学生创办的《浙江潮》,直隶留日学生创办的《直说》,江苏留日学生创办的《江苏》,以及 1905 年黄兴等人创办的《二十世纪之支那》等等。留日学生初步了解了西方自由平等、天赋人权学说以及民主主义思想,并进行了大量的翻译工作,给国内思想界注入新气息。这一时期由留日学生组建的译书团体主要有译书汇编社、湖南编译社、会文学社、新译界社、教科书译辑社、闽学会、国学社等。留日学生的译书以社会科学为主,对欧美和日本的政治制度、法律、教育、历史、经济、哲学流派等议题颇感兴趣。在他们的努力下,卢梭(Jean-Jacques Rousseau)的《民约论》、孟德斯鸠(Charles de Secondat,Baron de Montesquieu)的《论法的精神》、约翰·穆勒(John Stuart Mill)的《自由论》、斯宾塞的《代议政体》等纷至沓来。《美国独立史》、《近世外交史》等也进入人们的视野。革命派知识分子热情地拥抱西方资本主义民主学说,将其视为解救中国的良药:"吾幸夫吾同胞之得卢梭《民约论》,孟德斯鸠《万法精理》,弥勒约翰《自由之理》、《法国革命史》、《美国独立檄文》等书译而读之也……夫卢梭诸大哲之微言大义,为起死回生之灵药,返魄还魂之主方……我祖国今日病矣,死矣,岂不欲食灵药、投宝方而生乎? 苟其欲之,则吾请执卢梭诸大哲之宝幡,以招展于我神州土。"在他们的努力下,东京成为革命党人活动最为活跃的海外革命基地之一。

在国内,宣传革命思想的期刊也日渐增多,1902 年出版的《新世界学报》、《大陆》,1903 年创办的《国民日报》、《中国白话报》,1904 年出刊的《女子世界》和《警钟日报》等领一时之风骚。革命党人在创办报刊的同时,还编印了大量宣传革命的小册子。于是,一些论述西方社会政治学说、历史沿革等的新书也被大量出版,广泛地传播了民族民主革命的新思想。从广州起义失败到武昌起义爆发期间,革命党人共印发这类读物 130 种左右。民主革命思想的广泛传播,也引起了康有为、梁启超等改良派的注意。他们发表保皇言论,挑起了同革命派的论战。在论战中,章炳麟、邹容、陈天华等著名的革命派思想家挺身而出。

章炳麟,浙江余杭人。早年曾参与维新变法活动,后逐渐倾向于革命。1902 年,康有为发表了《与同学诸子梁启超等论印度亡国由于各省自立书》及《答南北美洲诸华商论中国只可行立宪不可行革命书》两封信,美化清朝政府的统治,指责革命将会导致天下大乱,"亡国灭种"。翌年,章太炎在上海出版的《苏报》上发表了《驳康有为论革命书》,全面、深刻地批驳了康有为的保皇主张,指出只有革命才能得到民主自由,明确表达了民主革命的观点。针对康有为宣扬的"公理不明"、"民智未开"不可革命的观点,提出了以革命明公理、用革命开民智的主张:"公理之未明,即以革命明之;旧俗之俱在,即以革命去之。革命非天雄大黄之猛剂,而实补泻兼备之良药矣。"

邹容,四川巴县人,留日学生。1903 年,他在上海出版了震动一时的《革命军》。他讴歌民主、鼓吹革命,宣传天赋人权、自由平等学说,主张用革命手段"扫除数千年种种之专制政体",恢复人民应有的民主权利。他提出了建立"中华共和国"的号召,要求永远根绝君主专制,反对外国人干涉中国的革命和独立,大声疾呼"革命独立万岁!"《革命军》出版后,立即风行海内外,《苏报》连续发表文章公开向读者介绍《革命军》,并连载了多篇言辞激烈的鼓吹革命的文章。《革命军》先后印行 20 多次,销量上百万册。

《苏报》如此大张旗鼓地宣传革命,引起了清朝政府的恐惧与敌视。上海地方官员遂与租界当局——工部局勾结,要求查封《苏报》、逮捕章太炎和邹容。1903 年 6—7 月,震惊中外的"苏报案"发生,章炳麟被捕,邹容赴租界巡捕房投案。在列强的压力下,直到 1904 年 5 月,苏报案才在租界公审公廨正式宣判,章太炎、邹容分别被判处监禁 3 年、2 年。章炳麟于 1906 年刑满出狱,而邹容却病死狱中,年仅 20 岁。章、邹二人的著作对革命思想的传布起到了明显的推动作用,柳亚子曾说:"《驳康书》文章古奥,议论深厚渊懿,利于承学文士;《革命军》则痛快犀利,而宗旨非常正大,便于通俗。"孙中山亦言:"邹容之《革命军》、章太炎之《驳康有为书》,尤为一时传诵。同时国内外出版物为革命之鼓吹者,指不胜屈。人心士气,于以丕变。"清朝政府的高压政策非但未能使革命思潮沉寂,反而加速了它的传播,并激起了人们对统治者的反抗意识。"排满之一主义,遂深入于四万万国民之脑髓中",革命思潮更加蓬勃发展。

陈天华,湖南新化人,曾留学日本。他在 1904 年出版了

《猛回头》、《警世钟》两书，揭露了西方列强的外来侵略给中华民族带来的深重灾难，号召人们抵抗外族侵略，并且揭露清朝实际上已成为列强统治中国的工具，指出要挽救危亡，就必须发动革命，推翻这个"洋人的朝廷"。由于陈天华"所著咸用白话文或通俗文，务使舆夫走卒皆能读之了解，故其文字小册散播于长江沿岸各省，最为盛行"，被誉为"革命党之大文豪"。清朝政府眼见留日学生中革命党急剧增多，强烈要求日本方面加以干预。1905 年 11 月，日本文部省发布《清国留学生取缔规则》，打击中国留学生的反清革命活动。中国留学生群情激奋，掀起反对《清国留学生取缔规则》的运动，却被日人诬蔑为"乌合之众"。陈天华闻之痛不欲生，写就《绝命辞》激励留日学生们团结一心、贯彻始终，做到"坚忍奉公，力学爱国"，随后于大森海岸投海自尽，献出了年轻的生命。

在革命思潮的影响下，就连许多原来主张改良、保皇、君主立宪的人也开始逐渐改变了自己的政治观点，转而拥护、赞成革命。"出保皇党以入革命党者，不可以千数计。"吴玉章曾说："读了《革命军》等文章以后，我在思想上便完全和改良主义决裂了。"当时甚至有"这样一种气氛，在人前谈革命是理直气壮的，只要你不怕麻烦；若在人前谈立宪，就觉得有些口怯了。"改良派人士此时也不得不承认："数年以来革命论盛行于中国……其旗帜益鲜明，其壁垒益森严，其势力益旁薄而郁积，下至贩夫走卒，莫不口谈革命，而身行破坏……此革命党之势力，所以如决江河，沛然而莫之能御也……遂致革命党者，公然为事实上之进行，立宪党者，不过为名义上之鼓吹，气为所摄，而口为所钳。"

三、革命团体的创立与反清起义的开展

从 1904 年开始,国内外也陆续成立了一些革命团体,其中影响较大的有 1904 年 2 月由黄兴、宋教仁等人在湖南长沙建立的华兴会,以及同年 10 月由陶成章、蔡元培等联合江浙爱国志士在上海发起成立的光复会等。革命团体分散斗争的方式愈发难以适应革命形势的需要,建立全国性统一政党领导革命的呼声日高。

1905 年 8 月,孙中山和黄兴联合兴中会、华兴会、光复会等革命团体的部分成员约 100 人,在东京举行中国同盟会成立大会。会议通过了同盟会章程,孙中山被推举为总理。按照三权分立的原则,总理之下设执行、评议、司法三部,黄兴为执行部庶务科总干事,汪精卫为评议部评议长,邓家彦为司法部判事长。设本部于东京,国内分设东、西、南、北、中 5 个支部,支部以下按省设立分会;在海外分设南洋、欧洲、美洲、檀香山 4 个支部,支部以下按国别和地区设立分会。同盟会成立后,革命党人在组织建设上有了保证,因此发展迅速。在短短几年时间内,同盟会在海内外建立起来支部和分会,会员激增至数万人。然而,同盟会的组织系统始终未能建设好,支部一级仅建立了海外的南洋支部和国内的南方支部,本部和地方分会之间也缺乏紧密的联系。此外,同盟会内部还存在着较为严重的派系斗争。这一切都为日后革命运动的发展留下了某些隐患。

11 月,同盟会的机关报《民报》在东京创刊。在《〈民报〉发刊词》中,孙中山将同盟会的 16 字纲领归纳阐发为民族、民权、民生三大主义,即三民主义。随后,他又在《军政府宣言》和《民报》周年纪念演说中做了具体解释。所谓民族主义,即"驱除鞑虏,恢复中华",指武力推翻清朝,变半殖民地

的中国为独立自主的国家,也就是孙中山所说的民族革命。此前部分革命党人存在着浓厚的种族复仇思想,孙中山在解释民族主义时,有针对地指出,"对于满洲不以复仇为事",指出民族革命并不是要尽灭满人,从而将民族主义与种族复仇主义区别开来。民权主义即"创立民国",指推翻君主专制制度,建立资本主义民主共和国家,国民一律平等,总统和议员由国民选举产生,也就是孙中山所说的政治革命。其目标是按照自由、平等、博爱的精神,给国民以权利,建立"国民的国家"。孙中山一再阐明,民族主义必须和民权主义紧密结合起来,民族革命和政治革命一次完成。民生主义即"平均地权",也就是孙中山所说的社会革命,也是同盟会的经济主张。它旨在取消土地垄断,实现土地国有。孙中山认为,西方资本主义国家已经暴露出来的各种矛盾和弊病,其根本原因在于未能解决民生问题。为了能够使中国在革命成功后避免资本主义的祸害,以致造成新的社会危机,他提出民生主义,希望能够"举政治革命、社会革命毕其功于一役"。三民主义是中国近代史上第一个比较完整、明确的资本主义革命纲领,它的提出对统一革命党人的思想,动员、号召社会各界人士起到了积极作用。不过,三民主义也有一些缺陷,它既没有明确提出反对外国侵略者,也对农民的土地问题缺少关注。同盟会成员对三民主义的理解也存在一定的分歧,有的人将民族主义等同于反满,还有的人并不赞成民生主义,只接受民族、民权主义。

同盟会成立后,孙中山等革命领袖制定《革命方略》,在国内联合会党和新军,发动了一系列武装起义。1906 年 12 月,革命党人联合会党、农民、矿工和防营士兵在湖南、江西交界的萍乡、浏阳、醴陵地区发动起义,遭清军围剿而失败。1907 年初,光复会员秋瑾、徐锡麟等决定同时在浙江、安徽发

动起义,不料走漏风声。7月,徐锡麟刺杀安徽巡抚恩铭,仓
促起义,被捕牺牲。此后秋瑾亦慷慨就义。1907年5月—
1908年4月,同盟会还在中国南部边境地区先后发动了潮州
黄冈起义、惠州七女湖起义、钦州防城起义、镇南关起义、钦
廉上思起义、云南河口起义等6次武装起义,均未成功。
1911年4月,孙中山、黄兴等人组织力量再次于广州发动起
义。黄兴率领革命志士100多人进攻两广总督衙门,与清军
展开了激烈巷战,终因孤军奋战而失败。起义军牺牲和被捕
就义者近百人,此后潘达微以善堂名义收殓72具烈士遗体,
合葬城郊红花岗,并将这片墓地改名为黄花岗,用菊花来象
征烈士们不屈的革命精神。黄花岗由此得名,而这次起义后
来也被称为"黄花岗起义"。

革命党人发动的武装起义屡屡受挫,固然有资金短缺、
军力弱小等原因,但其决策失误也不可忽视。革命党人偏于
在中国边境起事,且过分依赖组织纪律性稍差的会党,未能
进行广泛的革命动员。此时,同盟会中的部分领袖决意将长
江沿岸的华中要地作为新的革命重心,把新军士兵当作发动
起义的争取对象。1911年7月,同盟会中部总会在上海成
立,湖北、湖南成为革命的主要目标。

在湖北地区,有史可考的第一个革命组织是1904年7
月,由刘静庵、张难先、曹亚伯等人在武昌成立的科学补习
所。后来,刘静庵等人在此基础上,于1906年成立了新的革
命团体日知会,继续坚持革命活动。1908年,杨王鹏、章裕昆
等人组建革命团体群治学社,此后改名为振武学社、文学社,
其骨干成员有刘复基、蒋翊武等人。除此之外,1907年于东
京成立的共进会,也在湖北地区日渐壮大。相对而言,共进
会组织较为松散,会众来源也较为复杂,其湖北籍成员主要
有孙武、刘公等人。从自科学补习所到文学社、共进会,虽然

革命团体多次遭到清朝政府的破坏，但湖北的革命党人始终把新军和青年学生作为进行革命宣传活动的主要对象。经过努力，革命党人策反士兵达 5000 多人，几乎遍布于湖北新军各镇、协、标、营、队之内，占全省新军人数的三分之一左右，为反清起义的发动奠定了坚实的基础。

1911 年 5 月，清朝政府"皇族内阁"成立后，为维持帝国经费开支，发布"铁路国有"政策，规定此前已归商办的主要铁路"应即由国家收回"，并委派端方为督办粤汉、川汉铁路大臣，盛宣怀代表清朝政府以两路的修筑权为抵押，与英、法、德、美 4 国银行签署借款合同。这一政策严重损害了铁路所在各省士绅民众的经济利益，湖南、湖北、四川、云南等地掀起了声势浩大的保路风潮。他们采用集会、罢市、罢课、抗租、进京请愿等方式加以抵制，要求中央政府收回成命。其中，四川地区的保路风潮最为激烈。6 月，川汉铁路股东在成都开会，宣告成立保路同志会，由谘议局议长、立宪派首领蒲殿俊任会长，罗纶为副会长。保路同志会得到四川社会各界人士的积极响应，入会者达 10 万余人，分会几乎遍及全省。署四川总督赵尔丰奉命弹压，制造成都惨案。此后，四川保路运动由"文明争路"转向武装斗争，不唯革命党人借机起义发难，立宪派人士也被彻底激怒，倒向革命。蒲殿俊言道："国内政治已无可为，政府已彰明昭著不要人民了，吾人欲救中国，舍革命无他法。我川人已有相当准备，望联络各省，共策进行。"由于四川局势失控，清朝政府急调端方赴川查办，大批湖北新军亦随同前往镇压，武汉防务随之空虚。共进会和文学社成员眼见机不可失，初步议定于中秋节发动起义。

清朝覆亡,民国肇基

一、从武昌首义到南北议和

1911年9月,文学社和共进会组成统一的起义领导机构,推举文学社社长蒋翊武为总指挥,共进会领导人孙武为参谋长,刘复基、彭楚藩为军事筹备员,制定了详细的行动计划,还派人到上海迎接中部同盟会领导人来鄂主持大计,并策动各省响应。然而革命党人的起义计划接连遭到意外,被迫推迟。10月9日,孙武在汉口俄租界制造炸弹时不慎发生爆炸,他本人受伤被抬入院医治。俄巡捕闻讯赶来,逮捕未及逃走的革命党人,并将准备起义的旗帜、文告、名册等全部搜去,转交给湖北当局,起义的计划彻底暴露。湖广总督瑞澂下令全城戒严,大肆搜捕革命党,彭楚藩、刘复基、杨洪胜被杀,蒋翊武逃脱。

于是,革命党人被迫发动起义。10月10日夜,新军工程第八营率先起义,占领楚望台军械库。接着,步、炮、辎重各营和军事学堂学生约5营兵力闻风响应,临时推举原日知会会员、队官吴兆麟为指挥。11日凌晨,革命党人占领了总督衙门等重要机关,瑞澂仓皇逃到停泊在长江的军舰上,起义军激战一夜,攻占武昌城。此后不久,革命军又先后攻克汉阳、汉口,武汉三镇全部光复。

武昌首义成功后,首要任务便是建立军政府领导革命事业。但是,同盟会主要领导人都在外地,湖北当地的革命领导人已在起义前或负伤、或牺牲、或逃走,指挥起义的吴兆麟则自认资历太浅,缺乏号召力。10月11日,革命党人邀请湖北咨议局的一些议员和乡绅举行会议,成立湖北军政府,公推新军第二十一混成协统领黎元洪为军政府都督,汤化龙为民政部长。军政府成立后,旋即通电全国,宣告光复;废除"宣统"年号,改国号为"中华民国";废除苛捐杂税,免征本年和历年积欠的田赋;发布保护实业的政令,以及申讨清朝政府的文告;颁布《中华民国鄂州约法》,承认人民享有自由民主权利。武昌起义后,各省革命党人与立宪派人士纷纷响应。在短短1个月的时间内,湖南、陕西、江西、山西、云南、浙江、江苏、贵州、安徽、广西、福建、上海等10余省份及大城市先后宣布独立。此时,清朝海军也倒戈反正,加入革命阵营。

清朝统治者惊慌失措,忙派陆军大臣荫昌率领北洋军南下镇压革命,但北洋将领不肯听从调度。清朝政府只得重新起用袁世凯,先后任命他为湖广总督、钦差大臣,但袁世凯仍不满意,以"足疾未愈"为由拒绝出山。清朝政府被迫屈服,解散皇族内阁,任命袁世凯为内阁总理大臣。袁世凯出山后,授意北洋军猛攻汉口、汉阳,革命军与北洋精锐殊死搏斗,损失惨重。尽管武昌形势严峻,但全国的革命形势却对革命党人十分有利。为攫取更多权力,袁世凯与南方革命军边打边谈。

不少人以为,中国需要一个能够迅速结束战乱、稳定政局的人物,而袁世凯看起来正是这样的人。朝廷倚靠他,列强支持他,革命党和立宪派也都希望他能够做中国的华盛顿、拿破仑,举国上下一片"非袁不可"、"非袁莫属"的论调。时任英国《泰晤士报》驻京记者的莫理循曾说:"革命党人不信任袁世凯,认为他是清朝的支柱;满人也不信任他,认为他在筹划倾覆清朝的阴谋。"然而讽刺的是,这种双重不信任的另一面却是双重的信任：革命党人不信任他，他便得到了反对革命的人的信任；清朝政府不信任他，他便得到了支持反清事业的人的信任。袁世凯得以借此左右逢源、坐收渔翁之利。

11月底至12月初，革命各省的代表在汉口举行会议，讨论成立中华民国临时政府的问题。12月18日，南北双方在上海举行停战会议，20日草签和约。在和谈中，代表们认定，应当拿总统职位把袁世凯吸引到共和阵营中来。袁世凯也在各种场合声称要维护清朝，实行君主立宪，但同时也不反对共和制度。在国体问题上，双方并没有严重的分歧。

二、南京临时政府的成立与中华民国的诞生

南北议和期间，临时政府的组建工作也在紧锣密鼓地进行。12月25日，孙中山自海外归国，抵达上海。29日，苏、浙、鄂等17省代表在南京召开会议，正式选举孙中山为中华民国临时大总统。1912年1月1日，孙中山宣誓就职，宣布中华民国临时政府成立，改用公历，当年称中华民国元年。随即发布《临时大总统宣言书》和《告全国同胞书》。2日，选举黎元洪为副总统。经各省代表会议同意，委任黄兴为陆军总长兼参谋总长，蒋作宾为次长；王宠惠为外交总长，魏宸组任次长；蔡元培任教育总长，景耀月任次长；黄钟瑛任海军总长，汤芗铭任次长；程德全任内务总长，居正任次长；陈锦涛任财政总长，王鸿猷任次长；伍廷芳任司法总长兼议和全权大使，吕志伊任次长；张謇任实业总长，马君武任次长；汤寿潜任交通总长，于右任任次长。此外，还任命胡汉民为总统府秘书长，宋教仁为法制局长。临时政府中虽有立宪派和旧官僚参加，但革命党居于领导地位。上述9部中任总长的同盟会会员仅3人（黄兴、王宠惠和蔡元培），但根据孙中山等

设计的"部长取名,次长取实"的方案,9 名次长中,同盟会会员则多达 8 人。南京临时政府的实权掌握在以孙、黄为首的同盟会手中。

袁世凯得知孙中山当选总统,心中大为不快,一度中止和谈。西方列强也向南京临时政府施压,让孙中山做出让步,答应如果清帝退位、袁世凯赞成共和,可由袁世凯做总统。在得到南方同意让权的保证后,袁世凯立即进行逼宫,一面以与革命军交战吃紧相胁迫,一面以优待条件诱使清室同意退位。2 月 6 日,南京临时参议院正式通过了《优待条例》,规定清帝称号不变;每年由民国政府给予 400 万元;清帝暂居皇宫,以后移居颐和园;原有私产由民国保护等等。12 日,隆裕太后以宣统皇帝的名义颁布了由张謇起草的《清帝退位诏书》,接受优待条件,正式宣布退位,统治中国 260 多年的清王朝宣告结束。翌日,袁世凯声明赞成"共和",宣称"共和为最良国体",承诺"永不使君主政体再行于中国"。同日,孙中山向临时参议院辞职,并提出定都南京、新总统到南京就职和遵守民国约法等条件,以限制袁世凯的权力。14—15 日,临时参议院同意孙中山辞职,并选举袁世凯为临时大总统。18 日,孙中山派专使迎接袁世凯南下赴任。袁世凯不愿离开北京,指使部下举行"兵变",制造紧张气氛,孙中山只得再次让步。3 月 10 日,袁世凯在北京正式就任。

3 月 11 日,南京临时政府颁布《中华民国临时约法》,共 7 章 56 条。约法依照西方民主制度与相关原则,规定了民国的国体、政体以及人民享有的权利和义务。它规定:中华民国的主权属于全体国民;国内各民族一律平等,无种族、阶级、宗教之区别;国民有人身、居住、财产、言论、出版、集会、结社、宗教信仰等自由;国民有选举和被选举的权利;规定民国采取三权分立制度,立法权属参议院,行政权属总统和内阁,司法权归法院。此外,为防止袁世凯独裁,约法还特别规定民国的政权组织形式为责任内阁制,内阁总理由议会多数党产生,总统颁布命令须有总理副署才能生效。《临时约法》是近代中国第一部具有资本主义性质的宪法,在中国政治现代化的进程中具有里程碑式的意义。

3月13日,袁世凯任命唐绍仪为内阁总理。4月1日,孙中山正式解除临时大总统职务;5日,临时政府迁往北京。至此,成立不及百日的南京临时政府为北京政府所取代。

辛亥革命的成与败

辛亥革命推翻了清王朝的统治,短短数月间,中国绵延2000多年的君主专制制度轰然倒塌,一个参照西方政治学说而建立起来的资本主义民主共和国在古老的东方大地上破土而出。"亚东开发中华早,揖美追欧,旧邦新造。飘扬五色旗,民国荣光,锦绣河山普照。"民国国歌中"揖美追欧,旧邦新造"一语,既是对过往变法图强事业的追忆与肯定,也是对来日国族复兴的期望与畅想。辛亥革命为中国社会的快速前进开辟了道路,具有旋乾转坤的划时代意义。在1912年3月5日的《时报》上,刊载了一篇名为《新陈代谢》的文章,列举了民国成立后中国社会所发生的剧烈变化:

> 共和政体成,专制政体灭;中华民国成,清朝灭;总统成,皇帝灭;新内阁成,旧内阁灭;新官制成,旧官制灭;新教育兴,旧教育灭;枪炮兴,弓矢灭;新礼服兴,翎顶补服灭;剪发兴,辫子灭;盘云髻兴,堕马髻灭;爱国帽兴,瓜皮帽灭;爱华兜兴,女兜灭;天足兴,纤足灭;放足鞋兴,菱鞋灭;阳历兴,阴历灭;鞠躬礼兴,拜跪礼灭;卡片兴,大名刺灭;马路兴,城垣卷栅灭;律师兴,讼师灭;枪毙兴,斩绞灭;舞台名词兴,茶园名词灭;旅馆名词兴,客栈名词灭。

正所谓"皇帝倒了,辫子割了",辛亥革命推倒帝制、建立民国,亿万中国人从帝国的臣民变为民国的公民。革命不仅结束了中国王朝更迭的旧格局，也摧垮了依附于君权之上的传统伦理道德。从这一点看，辛亥革命也是一场思想解放运动，民主自由思想得以广泛传播，共和观念加速传播。从此，帝王不再是天子、人主、君父，而是国贼与公敌，"敢有帝制自为者天下共击之"。

辛亥革命还直接促进了社会经济的发展与社会风尚的改良。辛亥革命为民族资本主义的进一步发展创造了有利条件。南京临时政府颁行了一系列有利于资本主义发展的政策和措施，废除了清朝政府的苛捐杂税，鼓励人民兴办实业。中华大地出现了振兴实业、提倡国货的热潮。革命政府还颁布了一系列政令，大力整顿社会陋习，推行风俗改革。包括禁止缠足、鸦片与赌博，改称谓，废跪拜，禁止贩卖人口，倡女权，易服饰等等。尽管移风易俗决非一日之功，辛亥革命依然明显地改变了中国社会风貌："先生"、"君"的平等互称取代"大人"、"老爷"的等级称呼，鞠躬、握手礼取代跪拜礼，男子剪去发辫，女子解放缠足，西服、中山装流传至今。

除此之外，中华民国作为亚洲第一个资本主义民主共和国家，对周边国家的民族解放运动也产生了一定的影响，越南、印度尼西亚等地反对殖民主义的革命运动也日趋高涨。

然而，中华民国的建立并没能使变法图强事业迅速走向成功，相反，民初政局依然动荡不安、险象环生。从这一点看，辛亥革命似乎又不那么"成功"。究其原因，除却革命期间列强在财政、军事方面对南京临时政府所施加的压力，以及袁世凯手握重兵、奸黠狡诈的作为，更多的原因应当在革命党内部寻找。革命党人不仅实力相对弱小，在具体实践中也出现了决策失误：大多数革命党人对西方列强缺乏斗争意识，他们反复承诺清朝政府此前签订的不平等条约继续有效，希望以此换取列强对革命的支持。革命党人对民众的动员工作成效不大,也没有掌握一支具有共同革命理想和严格组织纪律的革命军队。更严重的是,革命党人甚至没能真正建立起一个坚强统一、发挥核心领导作用的政党。

在思想上,同盟会从成立伊始就没有形成应有的共识。以三民主义为例,得到会员一致认可的只有民族主义,许多会员并不认同民生主义,因此流传着孙中山是"三民主义"、宋教仁是"二民主义"、章炳麟是"一民主义"的说法。同盟会内部派系林立,门户之见较为严重,部分华兴会、光复会人士在同盟会之外仍保留着自己独立的组织体系。武昌起义前夕,同盟会实际上已经处于涣散、分裂的状态,难以发挥作用。辛亥革命后,革命党内部进一步发生分化:有些人认为清朝即已垮台,革命已经胜利,从此退出政坛专心实业;有些人纵情声色,思想与生活严重堕落;还有人以革命功臣自居,为攫取个人政治权力不择手段。革命尚未取得成功,革命党内部的权力之争却有增无减。民国初年,孙中山在致邓泽如的信中说:"局外人不察,多怪弟之退让,然弟不退让,则求今日假共和,犹未可得也,盖当时党人已大有争权夺利之思想,其势将不可压,弟恐生出自相残杀之战争,是以退让,以期风化当时,而听国民之自然进化也。"此番言语,虽是孙中山对当年辞去总统职务的辩白,却也道出了某些真相和他的透彻观察与忧思。

革命的根本问题是如何建立并掌握政权,然而革命党人对此也缺乏清醒的认识。对于投入革命阵营的旧官僚与立宪派,革命党人认为只要他们拥护共和,就可以"不修旧怨,咸与维新"。不少革命领袖在辛亥革命后甚至选择"功成身退",主动放弃了对民国政权的掌控。这种对权力超然的态度固然看起来道德高尚,实则是对新生民主共和国家的损害。革命党人放弃职位、远离政坛,往往也就意味着无法对革命成果进行有效的保护。旧官僚与立宪派因反清而与革命党缔结的联盟并不十分牢靠,彼此之间的政见分歧愈发难以弥合。面对袁世凯对民主制度的公然践踏,那些原本并不赞成革命的人往往宁愿选择向袁世凯妥协退让、力保政局稳定,也不愿意与革命党人一起起兵反袁"破坏共和"。谭人凤曾悲愤地说:"吾人经营革命十余年,掷无数头颅,流无量颈血,博换共和,本应成始成终,求圆满之结果,乃孙黄放弃责任,一让总统,二让留守,博功成身退之虚名,致令政变频乘,扰攘至今,而不能底定,不能谓非一大恨事也!"

1913 年,宋教仁曾言:"今革命之事毕矣,而革命之目的则尚未全达,是何也? 不良之政府虽倒,而良政治之建设则未尝有也。故民国成立,已届年余,而政治之纷扰,无一定策画如故也,政治之污秽,无扫荡方法如故也。以若斯之政府,而欲求得良善之政治,既不可能,亦不可望矣。"由此观之,辛亥革命虽推翻了帝制,然而良善的共和政治却没有出现。近代中国变法图强的事业,依然需要在新的时代继续摸索前行。

原典选读

章炳麟《驳康有为论革命书》(节选)①

　　夫长素所以不认奴隶，力主立宪以摧革命之萌芽者，彼固终日屈心忍志以处奴隶之地者尔。欲言立宪，不得不以皇帝为圣明，举其诏旨，有云"一夫失职，自以为罪"者，而谓亟亟欲开议院，使国民咸操选举之权以公天下，其仁如天，至公如地，视天位如敝屣，然后可以言皇帝复辟而宪政必无不行之虑。则吾向者为《正仇满论》，既驳之矣。盖自乙未以后，彼圣主所长虑却顾，坐席不暖者，独太后之废置我耳。殷忧内结，智计外发，知非变法，无以交通外人得其欢心；非交通外人得其欢心，无以挟持重势，而排沮太后之权力。载湉小丑，未辨菽麦，铤而走险，固不为满洲全部计。长素乘之，投间抵隙，其言获用。故戊戌百日之政，足以书于盘盂，勒于钟鼎，其迹则公，而其心则只以保吾权位也。曩令制度未定，太后夭殂，南面听治，知天下之莫予毒，则所谓新政者，亦任其迁延堕坏而已。非直堕坏，长素所谓拿破仑第三新为民主，力行利民，已而夜晏伏兵，擒议员百数及知名士千数尽置于狱者，又将见诸今日。何也？满、汉两族，固莫能两大也。

　　今以满洲五百万人，临制汉族四万万人而有余者，独以腐败之成法愚弄之、锢塞之耳！使汉人一日开通，则满人固不能晏处于域内，如奥之抚匈牙利、土之御东罗马也。人情谁不爱其种类而怀其利禄，夫所谓圣明之主者，亦非远于人

---

　　① 章炳麟著，汤志钧编：《章太炎政论选集》(上)，中华书局，1977年，第198—204页。

情者也,果能敝屣其黄屋而弃捐所有以利汉人耶?

……

长素以为中国今日之人心,公理未明,旧俗俱在,革命以后,必将日寻干戈,偷生不暇,何能变法救民,整顿内治! 夫公理未明、旧俗俱在之民,不可革命而独可立宪,此又何也?岂有立宪之世,一人独圣于上而天下皆生番野蛮者哉……人心之智慧,自竞争而后发生,今日之民智,不必恃他事以开之,而但恃革命以开之……公理之未明,即以革命明之;旧俗之俱在,即以革命去之。革命非天雄大黄之猛剂,而实补泻兼备之良药矣。

邹容《革命军·绪论》(节选)①

扫除数千年种种之专制政体,脱去数千年种种之奴隶性质,诛绝五百万有奇披毛戴角之满洲种,洗尽二百六十年残惨虐酷之大耻辱,使中国大陆成干净土,黄帝子孙皆华盛顿,则有起死回生,还命返魄,出十八层地狱,升三十三天堂,郁郁勃勃,莽莽苍苍,至尊极高,独一无二,伟大绝伦之一目的,曰革命。巍巍哉,革命也! 皇皇哉,革命也!

吾于是沿万里长城,登昆仑,游扬子江上下,溯黄河,竖独立之旗,撞自由之钟,呼天吁地,破颡裂喉,以鸣于我同胞前曰:呜呼! 我中国今日欲脱满洲人之羁缚,不可不革命;我中国欲独立,不可不革命;我中国欲与世界列强并雄,不可不革命;我中国欲长存于二十世纪新世界上,不可不革命;我中国欲为地球上名国地球上主人翁,不可不革命。革命哉! 革

---

① 邹容:《革命军》,上海民智书局,1928 年,第 1—5 页。

命哉！我同胞中，老年，中年，壮年，少年，幼年，无量男女，其有言革命而实行革命者乎？我同胞其欲相存相养相生活于革命也。吾今大声疾呼，以宣布革命之旨于天下。

革命者，天演之公例也；革命者，世界之公理也；革命者，争存争亡过渡时代之要义也；革命者，顺乎天而应乎人者也；革命者；去腐败而存良善者也；革命者，由野蛮而进文明者也；革命者，除奴隶而为主人者也。是故一人一思想也，十人十思想也，百千万人，百千万思想也，亿兆京垓人，亿兆京垓思想也。人人虽各有思想也，即人人无不同此思想也。居处也，饮食也，衣服也，器具也，若善也，若不善也，若美也，若不美也，皆莫不深潜默运，盘旋于胸中，角触于脑中；而辨别其孰善也，孰不善也，孰美也，孰不美也，善而存之，不善而去之，美而存之，不美而去之，而此去存之一微识，即革命之旨所出也。夫此犹指事物而言之也。试放眼纵观上下古今宗教，道德，政治，学术，一视一谛之微物，皆莫不数经革命之掏摭；过昨日，历今日，以现现象于此也。夫如是也，革命固如是平常者也。虽然，亦有非常者在焉：闻之一千六百八十八年英国之革命，一千七百七十五年美国之革命，一千七百八十年法国之革命，为世界应乎天而顺乎人之革命；去腐败而存良善之革命；由野蛮而进文明之革命；除奴隶而为主人之革命。牺牲个人，以利天下；牺牲贵族，以利平民；使人人享其平等自由之幸福。甚至风潮所播及，亦相与附流合汇，以同归于大洋。大怪物哉，革命也！大宝物哉，革命也！吾今日闻之，犹口流涎而心痒痒。吾是以于我祖国中，搜索五千余年之历史，指点二千余万方里之地图，问人省已，欲求一革命之事，以比例乎英法美者，呜呼！何不一遇也？吾亦尝执此不一遇之故而熟思之，重思之，吾因之而有感矣，否因之而有慨于历代民贼独夫之流毒也。

......

嗟呼！嗟乎！革命！革命！得之则生，不得则死。毋退步，毋中立，毋徘徊，此其时也，此其时也。此吾所以倡言革命，以相与同胞共勉，共勖，而实行此革命主义也。苟不欲之，则请待数十年百年后，必有倡平权释黑奴之耶女起，以再倡平权释数重奴隶之支那奴。

陈天华《猛回头》(节选)[①]

还有那，读书人，动言忠孝。全不晓，"忠孝"字，真理大纲。是圣贤，应忠国，怎忠外姓？分明是，残同种，灭丧纲常。转瞬间，西洋人，来做皇帝，这班人，少不得，又喊"圣皇"。想起来，好伤心，有泪莫洒，这奴种，到何日，始能尽亡！还有那，假维新，主张立宪，略珍域，讲服重，胡汉一堂。这议论，都是个，隔靴搔痒，当时事，全不懂，好象颠狂。倘若是，现政府，励精图治，保得住，俺汉种，不道凶殃。俺汉人，就吞声，隶他宇下，纳血税，做奴仆，也自无妨。怎奈他，把国事，全然不理，满朝中，除媚外，别无他长。俺汉人，再靠他，真不得了，好象那，四万万，捆入法场。俄罗斯，自北方，包我三面；英吉利，假通商，毒计中藏；法兰西，占广州，窥伺黔桂；德意志，胶州领，虎视东方；新日本，取台湾，再图福建，美利坚，也想要，割土分疆。这中国，哪一点，我还有分；这朝廷，原是个，名存实亡。替洋人，做一个，守土官长，压制我，众汉人，拱手降洋......

左一思，右一想，真正危险，说起来，不由人，胆战心惶。

---

① 陈天华：《陈天华集》，湖南人民出版社，1958年，第35—59页。

俺同胞,除非是,死中求活,再无有,好妙计,堪做主张。第一要,除党见,同心同德。第二要,讲公德,有条有纲。第三要,重武备,能战能守。第四要,务实业,可富可强。第五要,兴学堂,教育普及。第六要,立演说,思想遍扬。第七要,兴女学,培植根本。第八要,禁缠足,敝俗矫匡。第九要,把洋烟,一点不吃。第十要,凡社会,概为改良。这十要,无一件,不是切紧,劝同胞,再不可,互相观望。还须要,把生死,十分看透,杀国仇,保同族,效命疆场……

那满人,到今日,势消力小,全不要,惧伯他,失掉主张。那列强,纵然是,富强无敌,他为客,我为主,也自无妨。只要我,众同胞,认清种族;只要我,众同胞,发现天良;只要我,众同胞,不帮别个;只要我,众同胞,不杀同乡。哪怕他,枪如林,炮如雨下;哪怕他,将又广,兵又精强;哪怕他,专制政,层层束缚;哪怕他,天罗网,处处高张。猛睡狮,梦中醒,向天一吼!百兽惊,龙蛇走,魑魅逃藏。改条约,复政权,完全独立,雪仇耻,驱外族,复我冠裳。到那时,齐叫道"中华万岁"!才是我,大国民,气吐眉扬。俺小子,无好言,无以奉劝,这篇话,愿大家,细细思量。

孙中山《〈民报〉发刊词》[①]

余维欧美之进化,凡以三大主义:曰民族,曰民权,曰民生……是三大主义皆基本于民,递嬗变易,而欧美之人种胥冶化焉。其他旋维于小己大群之间而成为故说者,皆此三者之充满发挥而旁及者耳。

---

① 《孙中山选集》,人民出版社,1981年,第75—76页。

今者中国以千年专制之毒而不解，异种残之，外邦逼之，民族主义、民权主义殆不可以须臾缓。而民生主义，欧美所虑积重难返者，中国独受病未深，而去之易……欧美强矣，其民实困，观大同盟罢工与无政府党、社会党之日炽，社会革命其将不远。吾国纵能媲迹于欧美，犹不能免于第二次之革命，而况追逐于人已然之末轨者之终无成耶！夫欧美社会之祸，伏之数十年，及今而后发见之，又不能使之遽去。吾国治民生主义者，发达最先，睹其祸害于未萌，诚可举政治革命、社会革命毕其功于一役。还视欧美，彼且瞠乎后也。

翳我祖国，以最大之民族，聪明强力，超绝等伦，而沈梦不起，万事堕坏；幸为风潮所激，醒其渴睡，旦夕之间，奋发振强，励精不已，则半事倍功，良非夸嫚。惟夫一群之中，有少数最良之心理能策其群而进之，使最宜之治法适应于吾群，吾群之进步适应于世界，此先知先觉之天职，而吾《民报》所为作也。抑非常革新之学说，其理想输灌于人心而化为常识，则其去实行也近。吾于《民报》之出世觇之。

《中华民国临时约法》（节选）[①]

第一章　总纲

第一条　中华民国，由中华人民组织之。

第二条　中华民国之主权，属于国民全体。

第三条　中华民国领土，为二十二行省、内外蒙古、西藏、青海。

[①] 商务印书馆编译所编：《中华民国法令大全补编》（第一类 宪法 国会），商务印书馆，1921年，第1—4页。

第四条　中华民国，以参议院、临时大总统、国务员、法院行使其统治权。

第二章　人民

第五条　中华民国人民，一律平等，无种族、阶级、宗教之区别。

第六条　人民得享有左列各项之自由权：

一　人民之身体，非依法律，不得逮捕、拘禁、审问、处罚。

二　人民之家宅，非依法律，不得侵入或搜索。

三　人民有保有财产及营业之自由。

四　人民有言论、著作、刊行及集会、结社之自由。

五　人民有书信秘密之自由。

六　人民有居住迁徙之自由。

七　人民有信教之自由。

第七条　人民有请愿于议会之权。

第八条　人民有陈诉于行政官署之权。

第九条　人民有诉讼于法院受其审判之权。

第十条　人民对于官吏违法损害权利之行为，有陈诉于平政院之权。

第十一条　人民有应任官考试之权。

第十二条　人民有选举及被选举之权。

第十三条　人民依法律有纳税之义务。

第十四条　人民依法律有服兵之义务。

第十五条　本章所载民之权利，有认为增进公益、维持治安，或非常紧急必要时，得依法律限制之。

第三章　参议院

第十六条　中华民国之立法权，以参议院行之。

第十七条　参议院以第十八条所定各地方选派之参议

员组织之。

第十八条　参议员每行省、内蒙古、外蒙古、西藏各选派五人；青海选派一人。其选派方法，由各地方自定之。参议院会议时，每参议员有一表决权。

第十九条　参议院之职权如左：

一　议决一切法律案。

二　议决临时政府之豫算决算。

三　议决全国之税法币制及度量衡之准则。

四　议决公债之募积及国库有负担之契约。

五　承诺第三十四条、三十五条、四十条事件。

六　答复临时政府咨询事件。

七　受理人民之请愿。

八　得以关于法律及其他事件之意见，建议于政府。

九　得提出质问书于国务员，并要求其出席答复。

十　得咨请临时政府查办官吏纳贿违法事件。

十一　参议院对于临时大总统，认为有谋叛行为时，得以总员五分四以上之出席，出席员四分三以上之可决弹劾之。

十二　参议院对于国务员，认为失职或违法时，得以总员四分三以上之出席，出席员三分二以上之可决弹劾之。

第二十条　参议院得自行集会、开会、闭会。

第二十一条　参议院之会议，须公开之，但有国务员之要求，或出席参议员过半数之可决者，得秘密之。

第二十二条　参议院议决事件，咨由临时大总统公布施行。

第二十三条　临时大总统对于参议院议决事件，如否认时，得于咨达后十日内声明理由，咨院复议。但参议院对于复议事件，如有到会参议员三分二以上仍执前议时，仍照第二十二条办理。

第二十四条　参议院议长由参议员用记名投票法互选之，以得票满投票总数之半者为当选。

第二十五条　参议院参议员于院内之言论及表决，对于院外不负责任。

第二十六条　参议院参议员除现行犯及关于内乱外患之犯罪外，会期中非得本院许可，不得逮捕。

第二十七条　参议院法，由参议院自定之。

第二十八条　参议院以国会成立之日解散，其职权由国会行之。

第四章　临时大总统、副总统

第二十九条　临时大总统、副总统由参议院选举之，以总员四分三以上出席，得票满投票总数三分二以上者为当选。

第三十条　临时大总统代表临时政府，总揽政务，公布法律。

第三十一条　临时大总统为执行法律，或基于法律之委任，得发布命令，并得使发布之。

第三十二条　临时大总统统帅全国海陆军队。

第三十三条　临时大总统得制定官制、官规，但须提交参议院议决。

第三十四条　临时大总统任免文武职员，但任命国务员及外交大使、公使须得参议院之同意。

第三十五条　临时大总统经参议院之同意，得宣战、媾和及缔结条约。

第三十六条　临时大总统得依法律宣告戒严。

第三十七条　临时大总统代表全国接受外国之大使、

公使。

第三十八条　临时大总统得提出法律案于参议院。

第三十九条　临时大总统得酌给勋章并其他荣典。

第四十条　临时大总统得宣告大赦、特赦、减刑、复权。但大赦须经参议院之同意。

第四十一条　临时大总统受参议院弹劾后，由最高法院全院审判官互选九人，组织特别法庭审判之。

第四十二条　临时副总统于临时大总统因故去职，或不能视事时得代行其职权。

第五章　国务员

第四十三条　国务总理及各总长，均称为国务员。

第四十四条　国务员辅佐临时大总统，负其责任。

第四十五条　国务员于临时大总统提出法律案，公布法律，及发布命令时，须副署之。

第四十六条　国务员及其委员，得于参议院出席及发言。

第四十七条　国务员受参议院弹劾后，大总统应免其职。但得交参议院复议一次。

第六章　法院

第四十八条　法院以临时大总统及司法总长，分别任命之法官组织之。法院之编制及法官之资格，以法律定之。

第四十九条　法院依法律审判民事诉讼及刑事诉讼。但关于行政诉讼及其他特别诉讼，别以法律定之。

第五十条　法院之审判，须公开之。但有认为妨害安宁秩序者，得秘密之。

第五十一条　法官独立审判，不受上级官厅之干涉。

第五十二条　法官在任中，不得减俸或转职。非依法律受刑罚宣告或应免职之惩戒处分，不得解职。惩戒条规，以法律定之。

五四洗礼：从文化革新到社会革命

辛亥革命缔造了中华民国，然而中华民国却未能促成中国的振兴。帝制复辟与军阀乱政接踵而来，民主共和制度名不副实。有识之士开始对传统文化糟粕展开大规模批判，新文化运动应运而生。在民主、科学精神的引领下，西方文化思潮纷纷涌入中国，为中国文化注入了新的活力。随着第一次世界大战与五四运动的接连爆发，中国人对西方资本主义的认知进一步深化，尽管还有对西方文化的盲目追捧，但也开始重新审视中西文化的关系。俄国十月革命胜利后，马克思主义在中国广泛传播，中国社会与文化出现新的变革，迈入现代化的新时代。

民国初年政治现代化的波折

一、袁世凯对民主共和制度的破坏

民国成立后，统一、富强的现代民族国家并未在民主共和制度的政治框架内逐步成为现实。恰恰相反，民初政局甚至愈发败坏。袁世凯攫取总统大位后，与革命党人纷争不断。随着他个人权势的日渐膨胀，民主共和制度遭到了严重的破坏。

依据《中华民国临时约法》，民国政府采取责任内阁制。1912 年 3 月，唐绍仪被任命为总理，成立第一届内阁。在内阁 10 个部长中，农林、教育、工商、司法 4 个总长为同盟会员。而内政、陆军、海军等要害部门均为袁世凯的亲信及其党羽所掌握。唐绍仪有意实行责任内阁，强调总统发布命令必须

经其副署才能生效,引起了袁世凯的猜疑与不满。6月,袁世
凯迫使唐绍仪及4个同盟会阁员辞职,第一届内阁仅存3个
月即宣告垮台。后来,内阁总理一职由袁世凯的亲信赵秉钧
担任,责任内阁形同虚设。

对资本主义宪政民主制度并未丧失信心的革命党人,希
望通过合法的政党政治限制袁世凯的越权行为,引导国家重
回正轨。1912年8月,同盟会联合一些小党派改组为国民
党,宋教仁为代理理事长,负责实际事务。在1912年12月—
1913年2月的第一届国会选举中,国民党在参、众两院获得
了压倒多数的席位。宋教仁等大受鼓舞,在长沙、武汉、南
京、上海等地积极活动,发表演讲,希望能够以国会多数党的
地位组织责任内阁。眼见贿赂收买不成,袁世凯便指使爪牙
将宋教仁杀害。真相大白后,举国上下一片哗然。

宋教仁被刺后,在如何解决"宋案"的问题上,国民党内
部产生意见分歧。袁世凯决心先发制人,不惜动用武力。4
月,以处理"善后"为名,袁世凯未经国会同意便与俄、英、法、
德、日5国银行团在北京签订了2500万英镑的《善后借款合
同》。接着袁世凯罢免了担任江西、广东、安徽都督的国民党
人之职,并集结军队南下作战。7月,李烈钧在江西湖口举兵
讨袁,宣布江西独立,"二次革命"爆发。随后,安徽、上海、广
东、福建、湖南、四川等地相继宣布独立,组织讨袁军。由于
实力悬殊,"二次革命"数月之内即以失败告终,袁世凯的势
力扩展至长江流域。

袁世凯在专断独裁的道路上越走越远,先是以武力胁迫
国会通过《大总统选举法》,如愿当选正式大总统,旋又解散
了国民党、国会及各省议会。1914年5月,袁世凯公布《中华
民国约法》,废除责任内阁制,改行总统制;撤销国务院,总统
府内设政事堂,由国务卿统辖,直接对总统负责;设立参政

院，代行立法机关职权。参政院为袁世凯修改了《总统选举法》，规定总统任期10年，连任不受限制；总统任期届满时，若"政治上有必要"，不必改选即可连任；总统继承人由现任总统推荐，被推荐者没有限制。至此，袁世凯将他的独裁统治合法化，取得了皇帝一般的权力。"中华民国"只剩下一块招牌，徒有其表。

然而袁世凯并未满足，最终还是选择了称帝自为。1915年8月，袁世凯的宪法顾问美国人古德诺（Frank Johnson Goodnow）在上海《亚细亚报》上发表《共和与君主论》，指摘中国人"智识不甚高尚"，"无研究政治之能力"，公开宣扬"中国如用君主制，较共和制为宜"。接着，袁世凯的法律顾问日本人有贺长雄发表《共和宪法持久策》，鼓吹中国不适于实行共和政体，必须由袁世凯当皇帝才能避免中国的分裂。在袁世凯的授意下，杨度、孙毓筠、严复、李燮和、胡瑛、刘师培等联名发起成立了意在"筹一国之治安"的"筹安会"，是为"筹安六君子"。筹安会在"学理讨论"的招牌下，大肆鼓吹君主立宪，主张复辟帝制。为此，杨度等人接连抛出《君宪救国论》、《君政复古论》等支持、赞成帝制的文章。10月，袁世凯公布了《国民代表大会选举法》，在各省军政长官的监督下，选举出"国民代表"，并在当地进行国体投票，推戴袁世凯为皇帝。12月，各省"国民代表"1993人全部拥护恢复帝制，一致"恭戴今大总统袁世凯为中华帝国皇帝"，参政院也以"国民代表大会总代表"的名义上书"劝进"袁世凯称帝。袁世凯借口尊重"民意"，公然恢复君主制，接受百官朝贺，大加封赏，并改总统府为"新华宫"，改中华民国为"中华帝国"，1916年为"洪宪元年"，定于元旦正式登基称帝。

袁世凯的称帝行为，招致各方的强烈反对，形成联合倒袁的局面。1915年9月，进步党领袖梁启超在《京报》上发表

《异哉所谓国体问题者》，拥护共和，反对帝制，各地报刊相继转载，产生了较大的社会影响。12月，蔡锷在云南发动起义，宣布云南独立，组织"护国军"讨袁，贵州、广西、陕西、浙江等省先后宣布独立。由原国民党改组而成的中华革命党、欧事研究会成员也在各地采取行动。此时，袁世凯的亲信冯国璋、段祺瑞等人也对复辟帝制持消极态度，而日本政府也不再支持他。袁世凯在内外交困、众叛亲离的情况下，于1916年3月被迫取消帝制。6月，袁世凯病死，护国运动也随之结束。这是各种反袁力量共同努力的结果，保全了民国政体和国体。民国初成，共和观念虽然没有达到深入人心的程度，但是复辟帝制已难以为人们接受。诚如梁启超在《五十年中国进化概论》一文中所说："任凭你像尧、舜那么贤圣，像秦始皇、明太祖那么强暴，像曹操、司马懿那么狡猾，再要想做中国皇帝，乃永远没有人答应。"位高权重如袁世凯者，仍难逃身败名裂的下场。

二、军阀乱政与时局动荡

袁世凯死后，黎元洪继任总统职位，宣布恢复临时约法，国会也得以重新召开。段祺瑞与冯国璋分任国务院总理、副总统。然而，这种由各派势力相互妥协而达成的联合统治并不稳固。黎元洪位尊言轻，段祺瑞等北洋军阀则拥兵自重，手握实权。1917年春，在是否参加第一次世界大战问题上，黎、段矛盾日趋激化。段祺瑞力主参战，遭到黎元洪和国会的反对。段祺瑞被解职后，在天津组织"督军团"公开与中央对抗。黎元洪走投无路，只得邀请长江巡阅使、安徽督军张勋来京"调停"，不料竟引狼入室。原来，张勋北上的真正意图是清室复辟。

依照优待条例，逊帝溥仪于民国初年仍在紫禁城内过着尊贵的帝王生活。溥伟、善耆、升允、铁良等王公贵族,以及劳乃宣、梁鼎芬、康有为等遗老遗少,仍醉心于清室复辟。辛亥革命后,张勋为了表示对清朝的忠诚,与部下一起留着辫子。因此,他有"辫帅"之称,这支军队也被称为"辫子军"。率军入京后,张勋遂拥戴溥仪恢复帝制。很快,段祺瑞的"讨逆军"就攻入北京,溥仪不得不再次宣布退位,过了 12 天的皇帝瘾。

段祺瑞以"再造民国"的"功臣"自居,继续控制着北京政权。然而历经两次复辟之乱,民国国体犹存,政局却日渐恶化。中国步入了军阀割据时代,"政客借实力以自雄,军人假名流以为重"。军阀中实力雄厚者当属北洋军阀,多为袁世凯旧部。据统计,清末小站练兵时,大小参谋队官 58 人,先后出了 2 个总统,3 个总理,10 个陆军总长、次长,2 个巡阅使,23 个护军使、镇守使,以及众多的师长、旅长、团长。袁世凯死后,北洋军阀分为三大派系——以段祺瑞为首的皖系、以冯国璋为首的直系和以张作霖为首的奉系。此外,尚有一些或依附北洋集团、或独立自存的地方军阀。

至 1926 年夏,东北、河北、山东诸省为张作霖所掌控,他在北京自称大元帅,以民国元首自居;长江下游的江、浙、皖、闽、赣 5 省为直系军阀孙传芳的势力范围;湖北、河南属直系军阀吴佩孚;山西被保持独立、专事地方建设的阎锡山占据;西北各省由直系旧将,后倒向革命的冯玉祥控制;西南地区的四川、云南、贵州各省内部还有为数众多的地方军阀。除此之外,孙中山及其后继者们逐渐站稳脚跟,把广东、广西、湖南 3 省建成日后国民革命的策源地。1928 年后,南京国民政府虽一度实现了名义上的政治统一,但政权分立的局面直到中华人民共和国成立后才彻底结束。

尊孔复古与新文化运动

一、民国初年的复古思潮与孔教运动

民国初成,气象更新,文化教育领域出现了大刀阔斧的改革。1912年1月,南京临时政府成立教育部,蔡元培出任教育总长,力行教育革新。他在《对于教育方针之意见》一文中指出,"忠君与共和政体不合,尊孔与信教自由相违",主张改变清朝政府"忠君、尊孔、尚公、尚武、尚实"的教育宗旨,代之以公民道德与世界观教育(德育)、实利主义教育(智育)、军国民教育(体育)、美感教育(美育)。因此,教育部先后出台了一系列法令,废止中小学的读经、祭孔和大学的"经学科"。此外,部分地区还把孔庙改为学校,将庙产充作学校经费。至此,儒学失去了在国家教育体制中的至尊地位。

然而,民国政府的文化教育政策虽革命性有余,但建设性稍嫌不足,新文化尚未成型,旧文化扬弃不够。社会失序、道德衰败与政治动荡形影相随,引发了空前严重的信仰危机。如报人黄远生所言:"晚清时代,国之现象,亦岌甚矣。然人心勃勃,犹有莫大之希望,立宪党曰,吾国立宪,则盛强可立致;革命党曰,吾国革命而易共和,则法美不足言。今以革命既成,立宪政体亦既确定,而种种败象,莫不与往日所祈向者相左。于是全国之人,丧心失图,皇皇然不知所归。"正是在这种混乱、迷茫的社会氛围下,不少人将目光重新移向了被抛弃的"传统"。他们以为单纯照搬西方的民主共和制度不能解决问题,医治社会危机的良药须在中国传统文化中找寻。

于是，一场由康有为、陈焕章等人发起，通过"尊孔复古"以重建信仰与道德秩序的孔教运动应时而起。辛亥革命后，康有为对民国政府废除尊孔读经的政策大为不满，痛感儒学式微、礼崩乐坏。在他的授意与支持下，1912 年 10 月，陈焕章、麦孟华等人在上海成立孔教会，推举康有为为会长，陈焕章为总干事，创办《孔教会杂志》，宣扬昌明孔教、救济社会。翌年 3 月，康有为在上海创办《不忍》杂志，自任主编，发表文章系统阐释尊孔保教主张。孔教会人士提出以基督教为范本，完成儒学的宗教化改造，尊孔子为教主，并提议政府将孔教定为中国的国教。

1914 年初，孔教会已在上海、北京、天津、济南、西安、成都、兰州及纽约、东京等地建立了 130 多个分会，遍布学界、商界、政界。孔教会除了对服膺传统文化的保守派知识分子与前清遗老遗少等社会群体有着较强的吸引力外，袁世凯及部分民国政要、地方长官也成为了孔教运动的赞助者。袁世凯出于强化政治统治的目的，不仅亲自祀孔祭天，还下令恢复全国的祀孔活动，以及学校的读经课程。副总统黎元洪、山东都督靳云鹏、安徽都督倪嗣冲等人也是孔教运动的支持者。这一运动还得到了李佳白（Gilbert Reid）、卫礼贤（Richard Wilhelm）、卫西琴（Alfred Westharp）、古德诺、有贺长雄等在华外国人的同情和支持。除孔教会之外，各地还相继成立了孔道会、孔社、孔道维持会、宗圣会、庚子读经会、孔教尊经会、尊孔文社等名目繁多的尊孔组织，表达着尊孔读经等文化诉求。

在民国初年的两次修宪期间，孔教运动的支持者都曾发起了声势浩大的国教请愿运动。他们希望以国家根本大法的名义，使孔教的国教地位合法化。1913 年 4 月，第一届国会组织宪法起草委员会,负责起草宪法。8 月,陈焕章、严复、夏曾佑等人向国会参、众两院呈送《孔教会请愿书》,要求定孔教为国教。除详细表明定孔教为国教的种种理由外,该文还强调了此举并不违背临时约法"信教自由"之原则:"吾国固自古奉孔教为国教,亦自古许人信教自由,二者皆不成文之宪法,行之数千年,何尝互相抵触乎。今日著于宪法,不过以久成之事实,见诸条文耳。信教自由者,消极政策也;特立国教者,积极政策也,二者本并行不悖,相资为用。"

宪法起草委员会经过反复争论,国教提案最终被否决,仅在宪法第 19 条第 2 项加入"国民教育,以孔子之道为修身之大本",作为折衷方案。此后,随着"二次革命"爆发、袁世凯解散国会,宪法草案未能获得通过。第一次国教请愿运动遂成为一桩悬案。至 1916 年袁世凯死后,国会与宪法会议再开,继续讨论审议未完成的宪法草案,孔教会旧事重提,发起了第二次国教请愿运动。然而,国教运动始终不能得到大多数国会议员的赞同。与此同时,孔教也遭到了社会上趋新知识分子的激烈批评。1917 年 5 月,宪法会议议决通过了刘恩格修正案:"中华民国人民,有尊崇孔子及信仰宗教之自由,非依法律,不受限制。"至此,国教请愿运动宣告失败,而孔教也日渐衰微。

孔教运动虽然有值得进一步思考和讨论之处,但却不可避免地失败了。一方面,它过度夸大了儒学宗教性的一面,对西方宗教元素的教条式比附,既有悖于儒学的本来面目,还会被时人误解为有碍"信教自由"。因此,无论是在学理上还是在法理上,孔教运动都招致了反对与质疑。另一方面,因参与、支持孔教运动的人士身份复杂、诉求不一,孔教运动时常卷入纷乱的民初政治漩涡之中。不少支持孔教运动的人与复辟帝制有着难以撇清的关系,使得人们在孔教与复辟之间建立了一种牢固的对等关系。更有甚者,它还进一步破坏了儒学的信誉,儒学此后往往被思想激进的知识分子斥为政治民主与社会进步的障碍。

二、《新青年》与新文化运动的兴起

辛亥革命既没有对传统文化进行较为彻底的清理,也没能撼动其根基。绵延数千年的传统文化对中国人的影响根深蒂固,传统观念仍占据着统治地位。民国成立不久,帝制复辟、军阀割据纷至沓来,人们的苦难非但没有削减,反而愈发深重。有识之士逐渐意识到,皇帝虽已退位,但人们头脑中的帝王观念却尚未消失。于是,他们开始重新认识国情,思考救国之策。为了捍卫民主共和、反对专制倒退,一场启迪国民、清算传统文化糟粕的新文化运动勃然兴起。

1915 年 9 月,陈独秀在上海创办了《青年杂志》,后改名为《新青年》,新文化运动由此逐渐展开。《新青年》创办伊始,影响力较为有限。1917 年 1 月,应时任北京大学校长的蔡元培的邀请,陈独秀出任文科学长,《新青年》编辑部也从上海迁至北京。此时的北京大学,由于采取兼容并包的办学方针,聚集了为数众多的知识精英。《新青年》开始以北京大学为基地,广泛吸纳知识分子从事编辑、撰稿工作。随着李大钊、胡适、刘半农、钱玄同、鲁迅、吴虞、沈尹默、高一涵、易白沙等人的参与,以《新青年》为核心的新文化阵营最终形成。1918 年 12 月,陈独秀、李大钊、胡适等人又创办了《每周评论》,成为新文化运动的另一个重要刊物。新文化运动初期的基本内容包括提倡"民主"与"科学",反对专制、愚昧和传统礼教的束缚;提倡"文学革命",以白话文取代文言文、新文学取代旧文学。

民主与科学是新文化运动的基本内容。1915 年 9 月,陈

独秀在《青年杂志》创刊号上发表《敬告青年》一文,提出青年应具备 6 大特质:自主的而非奴隶的、进步的而非保守的、进取的而非退隐的、世界的而非锁国的、实利的而非虚文的、科学的而非想象的。他把这 6 大主张概括为"德先生"(Democracy,民主)和"赛先生"(Science,科学)。新文化运动提倡民主,旨在培养国民的民主精神,宣传民主思想,反对专制政治;而提倡科学,则旨在培养国民的科学精神,反对迷信盲从,宣扬无神论与唯物主义哲学。正如陈独秀在《本志罪案之答辩书》一文中所言:"要拥护那德先生,便不得不反对孔教、礼法、贞节、旧伦理、旧政治。要拥护那赛先生,便不得不反对旧艺术、旧宗教。要拥护德先生又要拥护赛先生,便不得不反对国粹和旧文学。"

面对民初思想界涌现的尊孔复古潮流,新文化运动的思想家们对此展开了猛烈的批判。他们运用进化论阐明孔子之道已不适应现代社会生活,不能把孔教定为国教。他们还集中批判了传统的纲常伦理,揭示其"吃人"的本质。1916 年 2 月,易白沙在《新青年》上发表《孔子平议》一文,率先公开批判孔子。随后李大钊、陈独秀、胡适、鲁迅等人纷纷撰文响应,其中言辞最为激烈的当属吴虞,他被胡适誉为"只手打孔家店的老英雄"、中国思想界的清道夫。在批评传统伦理道德的同时,新文化运动的倡导者还大力提倡"新道德",强调个性解放。他们认为个人是社会、国家的基础,没有个人的人格独立、权利自由与思想解放,个人的智慧和才能便不能伸张,社会便不能进步,国家也难以民主富强。

除却礼教批判,新文化运动初期另一项重要内容是开展"文学革命"——提倡白话文,反对文言文,提倡新文学、反对旧文学。1917 年 1 月,胡适在《新青年》上发表《文学改良刍议》一文,首倡文学改良。他认为文言是一种半死的文字,今日社会需要的是一种可读、可听、可敬、可讲、可记的言语,因此主张以白话文作为中国文学的"正宗",并提出了改革文学的 8 项主张:"须言之有物"、"不摹仿古人"、"须讲求文法"、"不作无病之呻吟"、"务去滥调套语"、"不用典"、"不讲对仗"和"不避俗字俗语"。2 月,陈独秀发表《文学革命论》,提出"文学革命"的口号,明确地把文学革新同政治变革联系在一起,主张用"国民文学"、"写实文学"、"社会文学"取代"贵族文学"、"古典文学"、"山林文学",从而使文学内容发生根本性的变化。文学革命得到了钱玄同、刘半农的响应。他们以"读者来信"的方式在《新青年》导演了一场"双簧戏":钱玄同化名"王敬轩"致信《新青年》,仿照旧式文人的语气撰写反对新文学和白话文的文章,而刘半农则对"王敬轩"的"来信"展开逐条批判。这在知识界引发热议,扩大了文学革命的社会反响。

尽管白话文写作古已有之,清末也曾出现白话文运动,但其社会的影响远不及新文化运动。一批批以白话文创作的小说、戏剧、诗歌等新文学作品不断问世。屠格涅夫、王尔德、契诃夫、易卜生等外国名家的作品也被译介。经由这些文学作品,外国的文学理念和思想主张也得以广泛传播。1918 年 5 月,《新青年》完全改用白话文。此后,越来越多的刊物推出白话创作和翻译作品。1920 年,教育部宣布白话为"国语",通令国民学校采用。

在《新青年》的影响下,宣传新思想、新文化的刊物如《国民》、《新潮》、《湘江评论》、《觉悟》等在北京、上海、长沙、天津等地大量涌现。各地还出现了一些主要由青年学生组成的社团,如 1917 年 10 月,恽代英等人在武昌成立的"互助社";1918 年 4 月,毛泽东、蔡和森、何叔衡等人在长沙成立的"新民学会";同年 10 月,以邓中夏、黄日葵、徐德衍为骨干的"国民社";1918 年 11 月,傅斯年、罗家伦等成立的"新潮社";1919 年 2 月,匡互生、周予同等人成立的工学会;同年 7 月,李大钊、王光祈、曾琦等人成立的"少年中国学会"等。此外,还有中国科学社、中国天文学会、中华医学会、中国药学会、中华农学会等科学团体创办。新文化运动逐渐由思想启蒙运动演变成社会改造实践。中国青年学生所展现的强烈的求知欲望和蓬勃向上的进取精神,也让造访中国的外国学者印象深刻。美国学者杜威(John Dewey)曾评论道:"世上似乎没有一个国家的学生像中国的学生这样,一致而热切地追求现代的和新的思想,特别是关于社会和经济方面的。同时,也很少见到一个国家像中国一样,有些辩论本来可以用来维护已建立的秩序和现状的,却一点不被重视——事实上,闭口不谈。"

新文化运动对专制主义、传统伦理道德等文化糟粕给予了前所未有的打击。尽管新文化阵营中的知识分子对西方文化的认识有时显得不够深刻、准确,对中国传统文化的批判也有矫枉过正之嫌,但这场运动无疑为外国文化的输入与传播扫清了思想上的障碍。

这一时期,不少外国学者来华学术交流。除了美国的杜威夫妇(1919—1921)外,还有英国哲学家罗素(Bertrand Russell, 1920—1921)、美国教育家孟禄(Paul Monroe, 1921)、德国哲学家杜里舒(Hans Driesch, 1923),以及印度诗人泰戈尔(Rabindranath Tagore, 1924)等。此外,中国的知识分子也热衷于译介西方哲学与社会科学思想:张君劢翻译了法国哲学家柏格森(Henri Bergson)的著作,王国维翻译了德国哲学家叔本华(Arthur Schopenhauer)、尼采(Friedrich Wilhelm Nietzsche)的著作,陈独秀、李大钊介绍了马克思(Karl Heinrich Marx)和恩格斯(Friedrich Von Engels)的思想，李达撰写了有关辩证法和列宁（Vladimir Lenin）、布哈林（Nikolai Bukharin）和普列汉诺夫（Georgii Plekhanov）思想的文章，李石曾介绍了俄国无政府主义者克鲁泡特金（Pyotr Kropotkin）。各种各样的外国哲学、社会科学和思想流派传入中国，从新实在论到尼采主义、国家主义，从柏格森、倭铿（Rodolf Ericken）、杜里舒以及康德（Immanuel Kant）的先验主义到马赫（Ernst Mach）、孔德（Auguste Comte）以及英美经验主义、实验主义，从西方启蒙时代的民主主义、自由主义、个人主义、人文主义到旨在矫正资本主义社会弊端的社会主义学说，都为时人所津津乐道。西方文化与中国文化交汇、碰撞，中国思想界再次迎来了"百家争鸣"的黄金时代。

反思西方：文化重建与以俄为师

一、第一次世界大战、五四运动及其影响

1914 年 7 月，第一次世界大战爆发。以英、法、俄、美为首的协约国集团和以德、奥、土耳其为首的同盟国集团，以欧洲为主要战区，展开了惨烈的搏杀。1918 年 11 月，德国宣布投降，第一次世界大战以同盟国的战败而告终。在此期间，日本于 1914 年 8 月对德宣战，出兵占领了位于胶州湾的德国租借地。此后，日本又以威胁利诱等手段，向中国政府提出"二十一条"，索取更多的在华特权。1919 年 1 月，美、英、法、日等战胜国在巴黎召开"和平会议"。由于中国曾在 1917 年 8 月对德宣战，因此也以"战胜国"的身份派代表出席会议，并提出了废除外国在华势力范围、取消"二十一条"等要求。

然而，被列强操纵的巴黎和会却无视中国的正当要求，决定将德国在山东的权利全部转让给日本，并写入《凡尔赛和约》。中国外交失败的消息传回国内，北京的青年学生群情激奋，五四运动爆发了。1919 年 5 月 4 日，北京大学、高等师范、工业专门学校、农业专门学校、朝阳大学、汇文大学等 14 所学校的 3000 余名学生来到天安门广场集会演讲、游行示威，要求政府收回山东权利，拒绝在和约上签字，废除"二十一条"，并惩办曾参与签订"二十一条"的 3 个外交官员曹汝霖、章宗祥和陆宗舆。北京学生的爱国运动虽然遭到当局的镇压，但是却得到天津等地社会各界人士的有力声援。全

国 20 个省、150 多个城市的学生罢课、工人罢工、商人罢市。在强大的压力下,北京政府被迫释放被捕学生,并罢免了曹汝霖、章宗祥、陆宗舆的职务,而巴黎和会的代表也没有在和约上签字。

第一次世界大战与五四运动对中国文化乃至历史走向都产生了较为深刻的影响。战后,作为现代化化身的欧洲国家满目疮痍,引发了空前严重的文化危机。许多游学西方的中国人看到了西方社会的黑暗与混乱,对资本主义文明深感失望。中国人认识到西方文化内在的复杂性,开始摆脱盲目崇拜西方的文化心态,谋求适合本民族独立发展的道路。随着西方文化危机与中国民族主义思想的高涨,文化保守主义重获生机。

1917 年,俄国爆发了"十月革命",建立了世界上第一个社会主义国家。苏维埃俄国的崛起,也使不少中国人开始倾心于社会主义的革命道路。五四运动后,在内忧外患和现实政治的刺激下,部分知识分子不再满足于思想文化革新,开始更加积极地投身于社会改造运动。

二、文化重建:从中西调和到"整理国故"

20 世纪初,对东西方一些国家而言,都进入"重新估定一切价值"的新时代。就在中国知识分子努力效法西方文明、发展新文化运动之时,西方人却因第一次世界大战的爆发,开始对社会文化进行反省。启蒙时代所确立的理性主义观念遭到越来越多的质疑,社会主义和非理性主义思潮逐渐兴起。前者着力揭露资本主义的腐朽本质,呼唤社会主义革命;后者从唯心论出发,反对"机械的人生观",强调人的情感、意志与信仰的价值。这两种思潮在五四新文化运动时期都对中国知识界产生了深刻影响,促使不少学者开始重新评估西方文化的优劣,探索中国文化自我革新的方法。

早在第一次世界大战初期,《东方杂志》主编杜亚泉就发表了多篇文章,呼吁中国人不要盲从西方,重新审视中西文化关系:"此次大战,使西洋文明,露显著之破绽,此非吾人偏见之言,凡研究现代文明者,殆无不有如是之感想";"今后吾人,不可不变其盲从态度,而一审文明真价值之所在"。五四运动后,来华讲学的罗素也坦言欧洲文化的缺陷,告诫中国人不要一味效法西方:"欧洲文化的坏处,已经被欧洲大战显示得明明白白……我们文化的基础,是资本主义的产业主义。这种制度在早年的时代,虽然带进了许多物质上科学上的进步,然而只能引到破坏的战争的道路上去……西方文化虽说不会就此衰落,即使能够残存,也要变成机械的向大处不断的膨胀,完全蔑弃个人的地位和个人的特性,又有什么价值可言?"

于是,部分知识分子开始重新肯定中国传统文化的价值,文化保守主义应时而起。1920年初,梁启超自欧洲考察归国,发表《欧游心影录》一书,认为经过第一次世界大战,西方文明已经破产,中国不应该再仿效"病态"的西方物质文明,而应该发扬光大固有的精神文化,担当起重建世界文明的使命。他还提出了中西文化"化合"说:"拿西洋的文明来扩充我的文明,又拿我的文明去补助西洋的文明,叫他化合起来成一种新文明。"他向青年人发出"彻底的思想解放"的呼吁:"'既解放便须彻底,不彻底依然不算解放。'就学问而论,总要拿'不许一毫先入为主的意见束缚自己'这句话做个原则。中国旧思想的束缚固然不受,西洋新思想的束缚也是不受。"

同年,梁漱溟发表讲演,并将讲演稿以《东西文化及其哲学》之名刊行,从理论上维护儒家文化。他提出了世界文化发展"三个路向"说,认为文化是一个民族的"生活样法",生活则是无尽的意欲。西方文化"意欲向前",把人与自然、社会对立起来,强调征服自然、改造社会,以满足自身的要求;中国文化"意欲调和精神",遇到问题不去设法解决,而是寻求自我满足、随遇而安,在与世无争中获得幸福;印度文化"意欲反身向后",遇到问题便根本取消这种问题或要求,选择以超然出世的态度对待宇宙人生。梁漱溟认为,西洋文化在历史上因合于时宜而大有成就,然而如今却因在第一路向的过度发展而陷入困境,因此他断言"世界未来文化就是中国文化之复兴",要把中国人和西洋人"都引导到至善至美的孔子路上来"。

梁启超等人调和中西文化的言论,并不意味着他们反对学习西方文化,站到了新文化阵营的对立面。相反,他们毫不怀疑现代文化精神。梁漱溟曾明确表示,科学和民主"这两种精神完全是对的,只能无批评、无条件的承认;即我所谓对西方化要'全盘承受'。怎样引进这两种精神实在是当今所急的"。不过,这种对西方文化的接纳,是以一种更加理性、务实的态度来进行的,不仅要顾及本民族文化的主体地位,秉持"以我为主"、"民族自决"的精神,还要由此重新树立中国文化的世界地位。如梁启超所说,"我们的文化运动,不光是对于本国自己的责任,实在是对于世界人类负一种责任";"今日只要把种种学说,无限制输入,听国人比较选择,将来自当可以得最良的结果"。张君劢亦言,"欧洲文化既陷于危机,则中国今后新文化之方针应该如何呢?默守旧文化呢?还是将欧洲文化之经过之老文章抄一遍再说呢?此问题吾心中常常想及";"吾国今后新文化之方针,当由我自决,由我民族精神上自行提出要求。若谓西洋人如何,我便如何,此乃傀儡登场,此为沐猴而冠,既无所谓文,更无所谓化"。

　　除此之外,部分在新文化运动初期思想较为激进的知识分子也改变了自己对传统文化的看法,开展国学研究,引发"整理国故"的热潮。众所周知,胡适曾是"打倒孔家店"的支持者。主张"西化"的他认为中国在物资、机械、政治、社会、道德等方面"百事不如人",然而这并不妨碍他成为"整理国故"运动的旗手。1919 年 12 月,胡适在《新青年》上发表《新思潮的意义》一文,提出了"研究问题"、"输入学理"、"整理国故"、"再造文明"等口号。他指出,新思潮的根本意义是一种新态度,即"评判的态度"——凡事都要重新分别一个好与不好。"我们对于旧有的学术思想,积极的只有一个主张——就是'整理国故'。整理就是从乱七八糟里面寻出一个条理脉络来;从无头无脑里面寻出一个前因后果来;从胡说谬解里面寻出一个真意义来;从武断迷信里面寻出一个真价值来";"若要知道什么是国粹,什么是国渣,必须要用评判的态度,科学的精神,去做一番整理国故的工夫"。

　　胡适的主张得到了顾颉刚、傅斯年等人的响应,"整理国故"运动渐次展开。在研究对象上,胡适等人主张扩大"整理国故"的范围,呼吁"打倒一切成见,为中国学术谋解放";在研究方法上,他们号召"以科学的方法整理国故"。尽管他们对"科学"的理解不够准确、全面,但在这种理念的驱使下,"整理国故"取得不俗的成绩,有力地推动了中国传统学术的现代转型。在全国各地,国学刊物和研究机构纷纷出现,10余所大专院校建立了国学系或国学专修科。在此过程中,部分思想激进的学者逐渐抛弃了中西文化新旧对立的观点。如曾一度主张"废除汉字"的文字音韵学家钱玄同,也开始宣称"我是喜欢研究'国故整理问题'的"。后来,他更进一步提出:"据我看来,青年非不可读古书,而且为了解过去文化计,古书还是应该读它的……这是为除旧布新而知道历史,是有所为的。无论无所为或有所为,只要是用研究历史的态度来读古书,都是很正常的。"从文化批判到学术研究,由"破"而"立",新文化阵营中的部分知识分子走上了一条更加温和、富于建设性的道路。

三、以俄为师:十月革命后马克思主义在中国的传布

五四新文化运动后期,中国知识分子打破盲从西方的另一条路径是服膺马克思主义,走"以俄为师"的道路。以李大钊等人为代表的激进民主主义者突破了新文化运动初期奉西方文化为圭臬的教条,开始强调对西方文明要做具体分析,择善而从。

事实上,早在晚清时代,中国即已出现了对马克思及社会主义思想的译介。马克思的名字最早出现在1898年夏在上海出版的《泰西民法志》一书中。及至20世纪初,中国的报刊上开始零星出现介绍社会主义的文章。清末改良派、革命派、留日学生以及无政府主义者,如梁启超、马君武、朱执信、刘师培等人,都是社会主义思潮的译介者,源自西方的社会主义经由日本输入中国。不过,此时中国人对社会主义的介绍大多停留在学术思想研究的层面,社会影响还不明显。

十月革命后,新生的俄国苏维埃政权宣布废除帝俄时代与中国订立的不平等条约、放弃在华特权,赢得了中国社会各界人士的好感。此外,苏俄政府热衷扶助其他被压迫民族的革命斗争。共产国际自1919年3月成立后,陆续派遣代表来华,直接推动了马克思主义在中国的传播。新文化运动中的部分知识分子从俄国革命中看到了中国的新出路,由向西

方学习转向研究和宣传俄国十月革命和马克思列宁主义,逐步由激进的民主主义者转变为初步具有共产主义思想的知识分子。李大钊、陈独秀、李达等积极介绍马克思主义的知识分子成为中国第一批马克思主义者。

李大钊在 1918 年 7 月至 11 月先后发表了《法俄革命之比较观》、《庶民的胜利》、《Bolshevism 的胜利》等文章,解释俄国十月革命与 18 世纪法国革命的区别,指出了十月革命的伟大意义。1919 年 5 月,他又发表了《我的马克思主义观》一文,系统阐述马克思主义的基本立场,介绍了马克思的唯物史观、社会发展规律学说、阶级和阶级斗争学说以及人民群众的历史作用。此外,李达还翻译了《唯物史观解说》、《社会问题总览》、《马克思经济学说》等书籍。

在李大钊等人的带动下,宣传马克思主义的刊物开始出现,马克思主义著作也被翻译引进。自 1919 年第 6 卷起,《新青年》宣传马克思主义的文章逐渐增多。1920 年 1 月,陈独秀南下上海,《新青年》移至上海编辑出版。此后,《新青年》主要由陈望道、李达、李汉俊、沈雁冰、周佛海等倾向共产主义的知识分子负责编务工作,并最终成为中国共产党的重要刊物。除《新青年》外,毛泽东在湖南主办的《湘江评论》,周恩来在天津主办的《觉悟》,董必武、恽代英等主办的《武汉星期评论》,瞿秋白等创办的《新社会》,少年中国学会出版的《少年中国》等刊物也是重要的宣传阵地。自 1920 年以后,《共产党宣言》、《社会主义从空想到科学的发展》、《雇佣劳动与资本》等著作的中文全译本陆续问世,改变了此前马克思主义著作节译出版的局面。

与此同时,全国各地还涌现了不少宣传、研究马克思主义的社会团体。1920 年 3 月,李大钊成立了北京大学"马克思学说研究会";5 月,陈独秀在上海成立"马克思主义研究会"。此外还有毛泽东主持的"新民学会"、恽代英组建的"共存社"以及周恩来等人创立的"觉悟社"等等。至 1921 年，据时人观察，社会主义"很受一般青年学子的欢迎"，俨然"变成最时髦的东西了"。同年 7 月，中国共产党在上海宣告成立，中国的马克思主义者开始了革命新征程，中国现代化也进入新层面。

原典选读

陈焕章等《孔教会请愿书》(节选)①

　　孔教会全体代表陈焕章、严复、夏曾佑、梁启超、王式通等为请定孔教为国教事:窃惟立国之本,在乎道德,道德之准,定于宗教。我国自羲炎立国以来,以天为宗,以祖为法,以伦纪为纲常,以忠孝为彝训,而归本于民。在四千年前,已有尧舜之揖让,为世界之美谈。逮及三代,政体时有不同,而道本始终不变。此中国国教之所由来也。姬周之末,百家竞起,于先王之道,稍有异同,而孔子生于其间,祖述尧舜,宪章文武,其制法分为三世。据乱世、升平世为小康,太平世为大同。小康法文武,是为后王;大同法尧舜,是为先王。六经大义,触处皆然,不可殚述……周秦之际,儒学大行,至汉武罢黜百家,孔教遂成一统。自时厥后,庙祀遍于全国,教职定为专司,经传立于学官,敬礼隆于群校。凡国家有大事,则昭告于孔子,有大疑,则折衷于孔子,一切典章制度,政治法律,皆以孔子之经义为根据,一切义理学术,礼俗习惯,皆以孔子之教化为依归。此孔子为国教教主之所由来也。历观往史,非无不好儒术之主,偏信释老之君,极顽如五胡,极乱如五季,异族如辽金元清,皆不敢不服从民意,奉孔教为国教。今日国体共和,以民为主,更不容违反民意,而专为专制帝王之所不敢为。且共和国以道德为精神,而中国之道德,源本孔教,尤不容有拔本塞源之事。故中国当仍奉孔教为国教,有必然者。或疑明定国教,与约法所谓信教自由,似有抵触,而不知

---

　　① 《孔教会请愿书》,《庸言》1913 年第 1 卷第 16 期。

非也。吾国固自古奉孔教为国教，亦自古许人信教自由，二者皆不成文之宪法，行之数千年，何尝互相抵触乎。今日著于宪法，不过以久成之事实，见诸条文耳。信教自由者，消极政策也；特立国教者，积极政策也，二者本并行不悖，相资为用。

……

其所谓信教自由，皆非极端放任，若如意普等国，明定国教，并许信教自由，尤为折衷至当，此世界通行之宪典，实即我国经验之良规。凡君主国，民主国，联邦国，一统国，旧教国，新教国，耶教国，回教国，靡不适用。盖信教自由者，所以伸少数人民之意志，使无一夫不得其所。特崇国教者，所以表最大多数人民之信仰，使合全国而定一尊……中国今日若仅言信教自由，并不规定国教，则人将疑立法者有破坏国教之意，而假信教自由之号以行之，其祸必至于国粹沦亡，国基颠覆，国性消灭，国俗乖戾，而国且不保矣……列国之中，虽有以特别理由，而不明定国教者，然彼非无国教也，特不成文之宪法耳。若英美之新教，法之旧教，俄之希腊教，非皆有国教之实者哉。我国今日，国体初更，群言淆乱，误解信教自由者，几变为毁教自由。破坏家既不免于发狂，保守家亦不免于惊恐。民情惶惑，国本动摇，而适当新定宪法之时，则不得不明著条文，定孔教为国教，然后世道人心，方有所维系，政治法律，方有可施行。焕章等内审诸夏之国情，外考列邦之成宪，迫得请愿贵院，于宪法上明定孔教为国教，并许信教自由，则德教大行，国本永固矣。此呈参众议院。

杨度《君宪救国论(下)》(节选)①

客曰:"子言以君主立宪救国,于君主之利害既详言之矣,至言立宪,则应研究之问题亦甚多。自前清末年以至民国,国中未尝不行宪政,而弊端百出,为后世所诟病者,其故何欤?"

虎公曰:"前清立宪之权操于清室,然清室之所谓立宪,非立宪也,不过悬立宪之虚名,以召革命之实祸而已。前清光绪季年,皇室危机已著,排满革命之言充满全国,及立宪党崛起,发挥主义,实际进行⋯⋯最初立宪党之势力,远不及革命党,及立宪有望,人心遂复思慕和平,冀此事之成立。革命党之势力,因此一落千丈⋯⋯皇族怙权弄法,贿赂公行,凡其所为,无一不与宪政相反,人民请开国会,无效也,人民请废皇族内阁,无效也。立宪党政策不行,失信用于全国,于是革命党代之而起,滔滔进行,所至无阻。当时识者早已知之,立宪党由盛而衰,革命党由衰而盛,即清皇室存亡之所由分也。果也,武昌一呼,全国响应,军队为其主力,而各(省)谘议局议员和之,议员中以立宪党为多,至此亦不能不赞成革命矣!清室直至此时,始去皇族内阁,颁布《十九信条》,亦既晚矣,不可及矣!故终清之世,并未成立宪法,更无宪政利弊之可言,仅设资政院、谘议局等以为之基,然以皇族所为,无异命之为革命之机关。西儒有言:'假立宪,必成真革命',清室乃欲以假立宪欺民,焉得而不颠仆? 大总统当时奏对,即言'不立宪即革命,二者必居其一',果哉此言,不求其中而竟中也!至今顽固之徒,或曾附和皇族之徒,有谓前清之亡亡于立宪

---

① 刘晴波主编:《杨度集》,湖南人民出版社,1986年,第578—581页。

者，是欲以皇族之罪加于立宪党，立宪党不任受也。故谓皇族不愿立宪，致酿革命之祸则可耳，谓立宪不便皇族，致酿革命之祸，则其理何自而通乎？故予谓清室所谓立宪，非立宪也，不过悬立宪之虚名，召革命之实祸而已。"

客曰："清室之事则然矣。民国元、二年中有《约法》、有内阁，有议会，似亦实行宪政，然国会之力万能，政府动皆违法，叫嚣纷扰，举国骚然，此种宪政，设令长存，国家亦岂有不亡之理？今子犹谈宪政，国人已觉闻此名词而生戒惧，是亦不可以已乎？"

虎公曰："民国立宪之权操于民党，民党之所谓立宪，亦非立宪也，不过藉立宪之手法，以达革命之目的而已。予与〔于〕民国元、二年中，每遇革命党人，与之论政，亦多谓非用专制不能统一者，是明知中国程度决不能行极端之民权，乃所议《约法》，辄与相反，是明知之而故违之也，果何故欤？且即以初次《约法》而论，其施行于南京政府时代者，尚在情理之中，因参议院将移北方，乃临时加入内阁等制及种种限制政府条文。及至后来，国会即据此以束缚政府之一切行动，又何故欤？岂真心醉共和，欲行程度极高之宪政乎？非也，不过欲以此削减政府之权力，使之不能统一全国，以为彼等革命之预备耳……不知者谓此为彼等立宪之宗旨，其知者谓此为彼等革命之手法。人并未欲立宪，而但欲革命，而我乃以立宪诬之，并以此诬宪政，不亦冤乎！若云里面虽为革命手法，表面仍为立宪宗旨，究竟不能不谓为立宪，且不能不谓立宪之足以酿乱。不知此又非立宪之咎，而共和之咎也。设非立宪，何能藉口民权，定成此种《约法》？又何能以一国《约法》，全由民党任意而成？更能即借《约法》以预备革命，为竞争大总统之地乎？议者不咎根本之共和，而咎枝叶之宪政，是不知本之论也。予尝谓中国之共和，非专制不可，由此以谈,尚何《宪法》、《约法》之足言乎?议初次《约法》者,亦非不知此义,不过知之而故为之耳。故予谓民党所谓立宪,非立宪也,不过藉立宪之手法,以达革命之目的而已。其功用与清室之立宪正同,所异者,清室为他人预备革自己之命,民党为自己预备革他人之命而已。"

客曰:"然则子所谓立宪,不与前清及民国同乎?"

虎公曰:"然。予以为他日之君主立宪,有二要义焉:一曰正当,所以矫民国之弊也;二曰诚实,所以矫前清之弊也。"

陈独秀《本志罪案之答辩书》(节选)[①]

本志经过三年,发行已满三十册;所说的都是极平常的话,社会上却大惊小怪,八面非难,那旧人物是不用说了,就是咭咭叫的青年学生,也把《新青年》看作一种邪说、怪物,离经叛道的异端,非圣无法的叛逆。本志同人,实在是惭愧得很;对于吾国革新的希望,不禁抱了无限悲观。

社会上非难本志的人,约分二种:一是爱护本志的,一是反对本志的。第一种人对于本志的主张,原有几分赞成;惟看见本志上偶然指斥那世界公认的废物,便不必细说理由,措词又未装出绅士的腔调,恐怕本志因此在社会上减了信用。系这种反对,本志同人,是应该感谢他们的好意。

这第二种人对于本志的主张,是根本上立在反对的地位了。他们所非难本志的,无非是破坏孔教,破坏礼法,破坏国粹,破坏贞节,破坏旧伦理(忠孝节)。破坏旧艺术(中国戏),破坏旧宗教(鬼神),破坏旧文学,破坏旧政治(特权人治),这

---

① 陈独秀:《本志罪案之答辩书》,《新青年》1919年第6卷第1期。

几条罪案。

这几条罪案，本社同人当然直认不讳。但是追本溯源，本志同人本来无罪，只因为拥护那德英克拉西（Democracy）和赛因斯（Science）两位先生，才犯了这几条滔天的大罪。要拥护那德先生，便不得不反对孔教、礼法、贞节、旧伦理、旧政治。要拥护那赛先生，便不得不反对旧艺术、旧宗教。要拥护德先生又要拥护赛先生，便不得不反对国粹和旧文学。大家平心细想，本志除了拥护德、赛两先生之外，还有别项罪案没有呢？若是没有，请你们不用专门非难本志，要有气力有胆量来反对德、赛两先生，才算是好汉，才算是根本的办法。

⋯⋯

西洋人因为拥护德、赛两先生，闹了多少事，流了多少血；德、赛两先生才渐渐从黑暗中把他们救出，引到光明世界。我们现在认定只有这两位先生，可以救治中国政治上、道德上、学术上、思想上一切的黑暗。若因为拥护这两位先生，一切政府的压迫，社会的攻击笑骂，就是断头流血，都不推辞。

此时正是我们中国用德先生的意思废了君主第八年的开始，所以我要写出本志得罪社会的原由，布告天下。

李大钊《Bolshevism 的胜利》（节选）[1]

"胜利了！胜利了！联军胜利了！降服了！降服了！德国降服了！"家家门上插的国旗，人人口里喊的万岁，似乎都有这几句话在那颜色上音调里隐隐约约的透出来⋯⋯我们

---

[1] 《李大钊选集》，人民出版社，1959 年，第 112—118 页。

这些和世界变局没有很大关系似的国民,也得也得强颜取媚:拿人家的欢笑当自己的欢笑;把人家的光荣做自己的光荣……

但是我辈立在世界人类中一员的地位,仔细想想:这回胜利,究竟是谁的胜利? 这回降服,究竟是那个降服? 这回功业,究竟是谁的功业? 我们庆祝,究竟是为谁庆祝? 想到这些问题,不但我们不出兵的将军、不要脸的政客,耀武夸功,没有一点趣味,就是联合国人论这次战争终结是联合国的武力把德国武力打倒的,发狂祝贺,也是全没意义。不但他们的庆祝夸耀,是全无意味,就是他们的政治运命,也怕不久和德国的军国主义同归消亡!

原来这次战局结终的真因,不是联合国的兵力战胜德国的兵力,乃是德国的社会主义战胜德国的军国主义。不是德国的国民降服在联合国武力的面前,乃是德国的皇帝、军阀,军国主义降服在世界新潮流的面前。战胜德国军国主义的,不是联合国,是德国觉醒的人心。德国军国主义的失败,是Hohenzollen 家(德国皇家)的失败,不是德意志民族的失败。对于德国军国主义的胜利,不是联合国的胜利,更不是我国徒事内争托名参战的军人,和那投机取巧卖乖弄俏的政客的胜利,是人道主义的胜利,是平和思想的胜利,是公理的胜利,是自由的胜利,是民主主义的胜利,是社会主义的胜利,是 Bolshevism 的胜利,是赤旗的胜利,是世界劳工阶级的胜利,是二十世纪新潮流的胜利。这件功业,与其说是威尔逊(Wilson)等的功业;毋宁说是列宁(Lenin)、陀罗慈基(Trotsky)、郭冷苔(Collontay)的功业;是列卜涅西(Liebknecht)、夏蝶曼(Scheidemann)的功业;是马客士(Marx)的功业,我们对于这桩世界大变局的庆祝,不该为那一国那些国里一部分人庆祝,应该为世界人类全体的新曙光庆祝；不该为那一边的武力把那一边的武力打倒而庆祝，应该为民主主义把帝制打倒，社会主义把军国主义打倒而庆祝。

　　Bolshevism 就是俄国 Bolsheviki 所抱的主义。这个主义是怎样的主义，很难用一句话解释明白。寻他的语源，却是"多数"的意思……他们的主义，就是革命的社会主义；他们的党，就是革命的社会党；他们是奉德国社会主义经济学家马客士（Marx）为宗主的；他们的目的，在把现在为社会主义的障碍的国家界限打破，把资本家独占利益的生产制度打破……他们的战争，是阶级战争，是合全世界无产庶民对于世界资本家的战争。战争固为他们所反对，但是他们也不恐怕战争。他们主张一切男女都应该工作，工作的男女都应该组入一个联合。每个联合都应该有中央统治会议。这等会议，应该组织世界所有的政府……有劳工联合的会议，什么事都归他们决定。一切产业都归在那产业里作工的人所有，此外不许更有所有权。他们将要联合世界的无产庶民，拿他们最大、最强的抵抗力，创造一自由乡土，先造欧洲联邦民主国，做世界联邦的基础。这是 Bolsheviki 的主义。这是二十世纪世界革命的新信条。

　　……

　　匈奥革命，德国革命，勃牙利革命，最近荷兰、瑞典、西班牙也有革命社会党奋起的风谣。革命的情形，和俄国大抵相同。赤色旗到处翻飞，劳工会纷纷成立，可以说完全是俄罗斯式的革命，可以说是二十世纪式的革命。象这般滔滔滚滚的潮流，实非现在资本家的政府所能防遏得住的……由今以后，到处所见的，都是 Bolshevism 战胜的旗。到处所闻的，都是 Bolshevism 的凯歌的声。人道的警钟响了！自由的曙光现了！试看将来的环球，必是赤旗的世界！

我尝说过:"历史是人间普遍心理表现的记录。人间的生活,都在这大机轴中息息相关,脉脉相通。一个人的未来,和人间全体的未来相照应。一件事的朕兆,和世界全局的朕兆有关联。一七八九年法兰西的革命,不独是法兰西人心变动的表征,实是十九世纪全世界人类普遍心理变动的表征。一九一七年俄罗斯的革命,不独是俄罗斯人心变动的显兆,实是二十世纪全世界人类普遍心理变动的显兆。"俄国的革命,不过是使天下惊秋的一片桐叶罢了。Bolshevism 这个字,虽为俄人所创造;但是他的精神,可是二十世纪全世界人类人人心中共同觉悟的精神。所以 Bolshevism 的胜利,就是二十世纪世界人类人人心中共同觉悟的新精神的胜利!

胡适《新思潮的意义》(节选)^①

据我个人的观察,新思潮的根本意义只是一种新态度。这种新态度可叫做"评判的态度"。

评判的态度,简单说来,只是凡事要重新分别一个好与不好。仔细说来,评判的态度含有几种特别的要求:

(1) 对于习俗相传下来的制度风俗,要问:"这种制度现在还有存在的价值吗?"

(2) 对于古代遗传下来的圣贤教训,要问:"这句话在今日还是不错吗?"

(3) 对于社会上糊涂公认的行为与信仰,都要问:"大家公认的,就不会错了吗? 人家这样作,我也该这样做吗? 难道没有别样做法比这个更好,更有理,更有益的吗?"

---

① 胡适:《胡适文存》,黄山书社,1996 年,第 527—535 页。

······

我们对于旧有的学术思想，积极的只有一个主张，——就是"整理国故"。整理就是从乱七八糟里面寻出一个条理脉络来；从无头无脑里面寻出一个前因后果来；从胡说谬解里面寻出一个真意义来；从武断迷信里面寻出一个真价值来。为什么要整理呢？因为古代的学术思想向来没有条理，没有头绪，没有系统，故第一步是条理系统的整理。因为前人研究古书，很少有历史进化的眼光的，故从来不讲究一种学术的渊源，一种思想的前因后果，所以第二步是要寻出每种学术思想怎样发生，发生之后有什么影响效果。因为前人读古书，除极少数学者以外，大都是以讹传讹的谬说，——如太极图、爻辰、先天图、卦气······之类，——故第三步是要用科学的方法，作精确的考证，把古人的意义弄得明白清楚。因为前人对于古代的学术思想，有种种武断的成见，有种种可笑的迷信，——如骂杨朱、墨翟为禽兽，却尊孔丘为德配天地，道冠古今！——故第四步是综合前三步的研究，各家都还他一个本来真面目，各家都还他一个真价值。

这叫做"整理国故"。现在有许多人自己不懂得国粹是什么东西。却偏要高谈"保存国粹"。林琴南先生做文章论古文之不当废，他说，"吾知其理而不能言其所以然！"现在许多国粹党，有几个不是这样糊涂懵懂的？这种人如何配谈国粹？若要知道什么是国粹，什么是国渣，必须要用评判的态度，科学的精神，去做一番整理国故的工夫。

······

新思潮的唯一目的是什么呢？是再造文明。

文明不是笼统造成的，是一点一滴造成的。进化不是一晚上笼统进化的，是一点一滴的进化的。现今的人爱谈"解放与改造"，须知解放不是笼统解放，改造也不是笼统改造。

231

解放是这个那个制度的解放，这种那种思想的解放，这个那个人的解放，是一点一滴的解放。改造是这个那个制度的改造，这种那种思想的改造，这个那个人的改造，是一点一滴的改造。

再造文明的下手工夫，是这个那个问题的研究。再造文明的进行，是这个那个问题的解决。

结　语

文明的兴衰沉浮取决于多种因素,其中文化的力量不容小觑。文化的传承与对话,是一个民族在世界上自立、自强的重要保障。历史已经反复证明,不同民族的文化互有短长,唯有保持开拓进取、兼容并包的态度,方能在国际竞争与合作中占据主动,立于不败之地。史学家郭廷以曾言:

> 任何民族的命运,胥决之于其对于时代环境的适应力,亦即决之于文化。文化的形成有发之于一己者,有得之于人者,后者的重要性尤大于前者。集思方可广益,有容乃能致大。文化为人群谋求生存与生活需要的产物,各民族的处境不尽相同,因之所成各有局限。迨活动范围扩大,见闻增广,人之所长,或为我之所短,如能予以接纳,不惟生存安全无虞,生活亦可随之改进。否则世异势移,在彼此角逐之下,往往为盛衰所系,必须急起直追,纵不能后来居上,最少可并驾齐驱。

纵观近代中国的历史变迁,不难发现文化策略的得失对民族命运的影响。正是清朝政府统治者对外部世界的消极拒斥,使得中华民族失去了续写辉煌的强大动力,以及追赶西方国家的机遇,最终导致近代中国蒙受了一系列的苦难与挫折。鸦片战争到五四新文化运动的数十年间,列强使中国门户洞开。有道是"帝国主义何其雄,欧风美雨驰而东",不同于以往的是,这一时期的西学东渐不再是一种平等或对等的文化交流。凭借资本主义的发展,西方社会的文明成果,无论是物质层面的还是精神层面的都开始在中国的大地上传播。西方文化对中国产生了广泛而深刻的影响,举凡生活用品、生产工具、交通工具、教育制度、日常语言、思想意识、风俗习惯等,西方的影响几乎无处不在。

尽管如此,中国人对西方文化也并未照单全收,而是细致地考察与挑选:既有吸收、选择的一面,也有排斥、过滤的一面;既有仿效西方的一面,即西化,也有改造西方的一面,即化西。从追逐西方的坚船利炮,到赞同西方的政治制度,再到倾慕西方的意识形态,中国人对西方文明的了解与学习走过了一条漫长而曲折的道路。相对而言,中国人对西方物质文化成果的接受要好于精神文化成果。对于这种文化现象,学者们给出了多种解释。有的学者将西方文化分为物质文化、制度文化和精神文化三个层面。中国对西方的学习,沿着物质——制度——精神这样的顺序逐渐演进。还有的学者将西方文化分为表层文化与深层文化两个层次,其中生产工具、科学技术属于表层文化,价值观念、心理意识属于深层文化。表层文化的穿透力较强,易于传播;深层文化的穿透力较弱,故难于传播。熊月之认为,中国吸收西学的步伐之所以沿着物质文化、制度文化、精神文化的阶梯拾级而上,是因为这三类文化同中国传统文化的可比性越来越低,因而比较鉴别其高下优劣所需的时间就越长。所以中国人在物质文化层面上西化程度很高,但在精神文化层面上化西的比例很大。

章开沅从文化流动力学的角度研究传统文化与近代文化的关系,提出了离异与回归的命题。他认为,离异与回归是人类文化史上经常交替出现或相互两种伴生的趋向。无论是西方文化还是东方文化，在现代转型中都存在着离异与回归的现象。西欧的离异主要表现为对中世纪的批判与背离，回归则表现为从古希腊罗马文明中寻找人文主义的源泉；东方的离异表现为对西方近代文明的模仿、学习与趋近，回归既表现为守旧人士对新文化的对抗与抵制，也表现为趋新人士从传统文化中寻求本民族的主体意识，以求避免被先进的外国文明同化。自19世纪60年代中国开展洋务运动以来，对传统文化的离异渐趋显著，与之相对，反对离异、回归传统的力量也相伴而生。因此不难看出，中国的现代化，总是在不断的文化离异与回归中艰难前行：洋务派的事业遭到了保守官员的多方掣肘与破坏，无法获得预想的成果；维新派的变法改革被顽固的统治者扼杀，此后又引发了盲目排外的义和团运动；辛亥革命造就了民国，然而民国之后却是帝制复辟与尊孔复古潮流；新文化运动初期中国的知识分子拥抱西方的民主与科学，数年之后就时移世易，走向了反思西方文明的道路。

中华民族是一个具有悠久文明历史的民族，创造了举世无双、辉煌灿烂的民族文化。这种文化既是民族自立的重要资本，也容易滋生自傲心理。此外，中国还是一个十分讲求现实功用的民族，凡是被认定合理、有实用价值的事物，都乐于接受，尽管这种接受不一定是理性的选择。因此，当近代中国国力衰退之时，中国既有坚守传统的人，也有鼓吹西化的人。民族的极端自负与极端自卑心理，其界限有时并非泾渭分明。尽管中国人对西方文化长期坚持有限度的吸收，然而随着中国在军事上的一次次溃败，以传统文化维系的民族心理防线濒临崩溃的边缘。这虽然有利于新思想的传布，却也滋生了全盘西化主义与民族虚无主义等消极思想的泛滥。

受此影响,近代中国的主流文化趋向,是向西方文化的全方位效仿,而努力维持、发掘传统文化价值的思潮与实践,有的归于失败,如"中体西用"思想;有的渐趋边缘化,如清末国粹派;有的在历史与当下都没能得到普遍的肯定或客观的评价,如孔教运动、文化保守主义、"整理国故"等。传统文化不断退却,越发难以为继。1936 年,史学家雷海宗在《无兵的文化》一文中悲怆地写道:

> 今日民族的自信力已经丧失殆尽,对传统中国的一切都根本发生怀疑。这在理论上可算为民族自觉的表现,可说是好现象。但实际的影响有非常恶劣的一面:多数的人心因受过度的打击都变为麻木不仁,甚至完全死去,神经比较敏捷的人又大多盲目地崇拜外人,捕风捉影,力求时髦,外来的任何主义或理论都有它的"学舌的鹦鹉"。

在抗日战争全面爆发的前夜,山雨欲来风满楼,雷海宗不禁慨叹民族前途的黯淡无光。为保全民族文化不至倾覆,他提出了坚守中国语言文字的重要性:"民族文化创造语言文字,同时语言文字又为民族文化所寄托,两者有难以分离的关系。语言文字若不失掉,民族必不至全亡,文化也不至消灭……西洋文化中国不妨尽量吸收,实际也不得不吸收,只要语言文字不贸然废弃,将来或者终有消化新养料而复兴的一天。"

如今,抗战胜利已逾 70 年,独立自主的新中国在改革开放的 30 多年间创造了举世瞩目的经济奇迹。而变法图强的事业,依然要在新的时代不断完善、持续发展。历史业已证明,反传统在变法图强的启动阶段是必要的,不如此就难以为变革开辟道路,但作为思想遗产的传统文化也不能在追求现代化的过程中轻易抛弃。由于近代时局的险恶,前人在如何处理中西文化的问题上走了不少弯路,许多未竟的事业有待后人接续。或许,今后应当突破西方文化与传统文化的藩篱与局限,根据现实生活与未来的发展需要营造出全新的价值体系,既不排斥吸收世界各国家、民族文化中的精华,也要把博大精深的中华文化发扬光大,奉献给全世界。中国在现代化的进程中实现腾飞。

孙中山尝言"世界潮流,浩浩荡荡,顺之者昌,逆之者亡"。在世界现代化大潮面前,中华文化经历了从传统到现代的历史蜕变,所走过的现代化道路在寻寻觅觅中显得格外曲折和艰难。这既与外部环境的恶劣有关,也与变法图强者的内在品质等脱不了干系。中国现代化之路是由多重社会力量铺就的,每一种社会力量在其中所扮演的角色,发挥的作用,主观目的和客观效果都各不相同。只有把这一幅幅既有联系,又各自独立的历史图画连同前因后果连缀起来,才能看到中国近代变法图强、现代化进程的全貌,品味文化更生、凤凰涅磐的喜怒哀乐,酸甜苦辣。